Macht Sex gesund? Beeinflussen Hochzeit und Scheidung unsere Persönlichkeit? Ist Intimität oder Leidenschaft wichtiger? Rettet Sex Liebe? Wann ist der optimale Zeitpunkt, «Ich liebe dich» zu sagen? Warum mag Anton Mia, aber nicht Marlene? Jule Specht schlägt aus dem wissenschaftlichen Elfenbeinturm heraus eine Brücke zum «echten» Leben und trägt hier auf unterhaltsame Art und Weise interessante und oft auch überraschende Erkenntnisse zum Miteinander vor, während und nach Beziehungen zusammen.

Prof. Dr. Jule Specht (Jg. 1986) ist Psychologin. Sie forscht und lehrt an der Freien Universität Berlin und befasst sich hauptsächlich mit der Entwicklung der Persönlichkeit im Erwachsenenalter. Seit drei Jahren gehört sie zu den wenigen deutschen Forscherinnen, die über ihre Wissenschaft bloggen: www.jule-schreibt.de. Als Gastautorin hat sie außerdem unter anderem bei «Gehirn und Geist» publiziert.

JULE SPECHT

Suche kochenden Betthasen

Was wir aus
wissenschaftlichen
Studien für die Liebe
lernen können

Rowohlt Taschenbuch Verlag

Für Henning.

Originalausgabe
Veröffentlicht im Rowohlt Taschenbuch Verlag,
Reinbek bei Hamburg, April 2014
Copyright © 2014 by Rowohlt Verlag GmbH,
Reinbek bei Hamburg
Lektorat Evelin Schultheiß
Umschlaggestaltung ZERO Werbeagentur, München
(Illustration: Oliver Weiss/oweiss.com)
Satz Arno Pro PostScript, InDesign,
bei Pinkuin Satz und Datentechnik, Berlin
Druck und Bindung Druckerei C. H. Beck, Nördlingen
Printed in Germany
ISBN 978 3 499 61086 8

Inhalt

1 VORWORT 9

2 SUCHE KOCHENDEN BETTHASEN 11

3 SEX MIT SUPERMAN 20

4 ROT WIE DIE LIEBE? 29

5 DIE UNBEWUSSTE MACHT DER WORTE 37

6 WIE DIE LIEBE UNSERE PERSÖNLICHKEIT FORMT 46

7 DIE PILLE ALS SPIELVERDERBERIN 55

8 INTIMITÄT SCHLÄGT LEIDENSCHAFT 65

9 DER SEITENSPRUNG INS FREMDE BETT 74

10 LIEBST DU DICH? 83

11 SEX MACHT GESUND 92

12 DATING 2.0: DIE LIEBE IM NETZ 101

13 FAMILIE ALS GLÜCKSBRINGER? 111

14 EIFERSUCHT ALS ANGST UND SCHUTZMASSNAHME 120

15 ATTRAKTIVITÄT ALS TUGEND? 128

16 GELEGENHEITSSEX 136

17 SPEED-DATING: DER SCHNELLE WEG ZUM LIEBESGLÜCK? 145

18 ER LIEBT MICH, ER LIEBT MICH NICHT ... 155

19 EIN LÄCHELN FÜR MEHR LIEBE, LEBEN, LEIDENSCHAFT 164

20 SEX ALS LIEBESRETTER 172

21 MÉNAGE-À-TROIS: DREI SIND EINER ZU VIEL 180

22 PORNOGRAPHIE UND DIE SUCHE DANACH 189

23 GLOSSAR 198

24 DANKSAGUNG 208

Die Liebe ist doch eine Anmaßung, nicht wahr?
Besonders, wenn sie schon ein Vierteljahrhundert
dauert. Möchte zu gern wissen, was das ist. Eine
hormonelle Dysfunktion zwecks Reproduktion, wie
die Biologen behaupten? Seelentrost für kleine
Mädchen, die ihren Papa nicht heiraten durften?
Daseinszweck für Ungläubige? Das alles zusammen,
mag sein. Aber auch mehr, das weiß ich.

ALEX CAPUS: LÉON UND LOUISE

VORWORT

Die Wissenschaft werkelt nur allzu gern im Verborgenen herum und zieht sich dafür in ihre bevorzugte Wirkungsstätte, das Labor, zurück. Eine Brücke zu schlagen zwischen den dort gefundenen Erkenntnissen auf der einen und dem wirklichen Leben auf der anderen Seite, ist das Ziel meines Blogs, auf dem dieses Buch basiert und der hier gelesen werden kann: http://www.jule-schreibt.de/. Mit diesem Buch wagt sich der Blog nun in die Offline-Welt mit dem Ziel, auch auf dem bedruckten Papier den Sprung vom Elfenbeinturm in den Alltag zu schaffen. Auf geordnete Vollständigkeit wird bei diesem vielschichtigen Thema bewusst verzichtet. Stattdessen geben neue Forschungsergebnisse zum Miteinander vor, während und nach Beziehungen, die mit klassischen Studien und etablierten Theorien in Zusammenhang gebracht werden, die Richtung vor, aus denen dann lebensnahe Implikationen für die Liebe abgeleitet werden. Denn es gibt zahlreiche wissenschaftliche Erkenntnisse, die unsere Intuition verblüffen und unsere Augen öffnen können und, richtig genutzt, sowohl das Leben als auch die Liebe vereinfachen können.

SUCHE KOCHENDEN BETTHASEN

Attraktiv soll er sein, erfolgreich und natürlich gut im Bett. Nicht zu vergessen liebenswürdig, weltgewandt und voller Ideen. Im besten Fall nicht nur bindungswillig, sondern auch bindungsfähig, ein loyaler Partner und hingebungsvoller Vater. Den Anforderungen an den idealen Partner sind kaum Grenzen gesetzt. Das gilt sowohl für sie als auch für ihn, wobei Männer bei der Partnerinnenwahl im Allgemeinen weniger anspruchsvoll vorgehen. Doch was ist Männern und Frauen wirklich wichtig? Sucht eine Frau einen reichen Mann, der wiederum eine schöne Frau sucht? Oder zählen doch eher die viel umworbenen inneren Werte? Fakt ist, was wir denken, ist nicht, was wir fühlen, und so werden, treffen Mann und Frau aufeinander, so manche Ansprüche an den Traumpartner rasch über Bord geworfen.

***

Um der entscheidenden Frage nachzugehen, was Männer und Frauen aneinander anzieht, zog David Buss, bildlich gesprochen, durch die ganze Welt. In 33 Ländern verteilt über alle Kontinente befragte er Menschen nach ihrem idealen Partner. Über 10 000 Personen beteiligten sich an dieser Befragung, 1083 davon kamen aus Deutschland (aus dem westlichen Teil der damals noch getrennten Republik). Sie alle gaben Auskunft darüber, welche Eigenschaften für sie unverzichtbar und welche weniger wichtig bei einem Partner sind. Und obwohl sich Männer und Frauen so häufig voneinander unterscheiden, waren sie sich bei den beiden wichtigsten Merkmalen überraschend einig: freundlich-verständnisvoll und intelligent ist sowohl der Traumprinz als auch sein weibliches Pendant.

Abgesehen von diesen beiden Allroundeigenschaften unterscheiden sich Männer und Frauen jedoch in ihren Präferenzen deutlich. Frauen schreiben der finanziellen Absicherung ihres potenziellen Partners beispielsweise eine bedeutend größere Rolle zu, als Männer dies umgekehrt tun. In allen Ländern hatten die befragten Frauen dahingehend höhere Ansprüche als Männer, in einigen Ländern wie zum Beispiel Indonesien oder Sambia war die finanzielle Absicherung von besonders hoher Bedeutung, in anderen Ländern, darunter die Niederlande und Großbritannien, war sie dagegen nur mäßig wichtig. Auch suchen Frauen vor allem nach ehrgeizigen und fleißigen Partnern, während Männer solchen Attributen bei der Suche nach einer Partnerin weniger Beachtung schenken. Sie legen ihr Augenmerk stärker auf das Aussehen einer Frau. Eine hübsche Frau hat dementsprechend, unabhängig von ihren anderen positiven Eigenschaften, immer gute Chancen, als Partnerin in Betracht zu kommen.

Die Bedeutung der Jungfräulichkeit bei der Partnerwahl schwindet dagegen mittlerweile, zumindest in westlichen Ländern, spielt aber vor allem in Asien nach wie vor noch eine wichtige Rolle. In Europa und Nordamerika wirkt eine unberührte Frau jedoch nicht spannender als eine sexuell erfahrene Frau mit vergleichbar gutem Aussehen. Einige der von Buss befragten Männer kritzelten sogar an den Rand des Fragebogens, dass eine unbefleckte Frau im Gegenteil sogar höchst unerwünscht sei. Für Frauen erwies sich die sexuelle Erfahrung der Männer in allen Ländern als von geringerer Relevanz. Sie scheinen weder Scheu zu haben, gemeinsam sexuelle Möglichkeiten auszuloten, noch von bis dahin erprobten Finessen zu profitieren.

Den größten Unterschied bei der Partnerwahl zwischen den Geschlechtern gibt es bezüglich des bevorzugten Alters. Denn die Partnerin sollte durchgehend jünger sein – wenige Monate nur in Finnland, sieben Jahre immerhin in Sambia. Frauen suchen passenderweise nach einem älteren Mann und präferieren dabei im Schnitt sogar einen noch größeren Altersunterschied als Männer. Während die deutschen Männer eine zweieinhalb Jahre jüngere Ehefrau suchen, suchen deutsche Frauen einen fast vier Jahre älteren Ehemann. Das spiegelt sich auch in den Heiratsstatistiken wider: Im Jahr 2011, so verrät es das Statistische Bundesamt, waren Frauen bei ihrer (ersten) Hochzeit durchschnittlich 30,5 Jahre alt und Männer 33,3 Jahre.

Erklären lassen sich solche Unterschiede zwischen Männern und Frauen mit Hilfe der Evolutionspsychologie. Denn früher, insbesondere bevor eine zuverlässige Verhütung zum Alltag gehörte, war es durchaus angebracht, sich den Partner überlegt auszusuchen. Frauen investieren viel Zeit und Ressourcen in ihren Nachwuchs und verschließen sich derweil anderen, eventuell besseren Partnern. Um sicherzustellen, dass sie mit dem Nachwuchs nicht allein sind, ist es deshalb taktisch klug, einen gut situierten Partner an der Seite zu haben.

Männern verlangt die Zeugung von Nachkommenschaft dagegen nicht zwangsläufig viel ab. Sie sind deshalb weniger wählerisch und orientieren sich eher an Merkmalen, die für eine hohe Fruchtbarkeit der potenziellen Partnerin sprechen. Dazu zählen junges Alter, reine Haut, glänzendes Haar, volle Lippen und ein wohlgeformter Körper. Betont sei an dieser Stelle jedoch, dass eine Frau einen ansehnlichen Mann natürlich nicht von der Bettkante stoßen würde und auch ein Mann eine gutbetuchte Frau

nicht aufgrund ihrer finanziellen Ressourcen ablehnen würde,
beides spielt bei ihnen jedoch meist nur eine untergeordnete
Rolle bei der Partnerwahl.

Vom Elfenbeinturm zum wirklichen Leben:
suchen und bieten

Der Sprung vom idealen Partner ins echte Leben ist weit.
Zwar träumen die meisten von dem perfekten Mann oder
der perfekten Frau fürs Leben, aber wer nehmen will, muss
auch geben, und da wird es dann meist kompliziert. Sind
wir also auf der Suche nach unserem perfekten Gegenstück, dann sollten wir uns auch möglichst attraktiv, das
heißt als freundlich, interessiert und gebildet darstellen.
Frauen können Aufmerksamkeit wecken, indem sie ihre
äußeren Schokoladenseiten ins rechte Licht rücken, scheinen sich aber kaum Gedanken darüber machen zu müssen,
ob sie besonders solvent wirken.

Männer dagegen können hübsche Frauen dann besonders
für langfristige Beziehungen begeistern, wenn sie mit
Ressourcen für die Familiengründung aufwarten können.
In Zeiten von finanziell unabhängigen Frauen und künstlicher Befruchtung muten diese antiquierten Vorlieben
etwas irritierend an. Die Frau von Welt ist längst nicht
mehr notwendigerweise mittellos und deshalb nicht mehr
zwingend auf einen beschützenden Ernährer angewiesen.
Und für einen Mann ist die Weitergabe der eigenen Gene
an die nächste Generation auch bei einer weniger fruchtbaren Frau nicht mehr ausgeschlossen. Bis diese modernen Errungenschaften jedoch unser Beuteschema obsolet
werden lassen, bedarf es vermutlich noch einiger Geduld.

Der Unterschied zwischen Wunsch und Wirklichkeit kann sehr groß sein. Dies beobachteten Paul Eastwick und Eli Finkel beim Speed-Dating, zu dem sie 163 Personen einluden. Wie in der Studie von Buss gaben auch diese US-amerikanischen Studenten an, von gutaussehenden Damen zu träumen, während ihre Kommilitoninnen hauptsächlich an das Geld des potenziellen Partners dachten. In einem zweistündigen Speed-Dating trafen sie dann auf 9 bis 13 Singles, mit denen sie sich vier Minuten unterhalten konnten. Im Anschluss gaben sie an, welche der Personen sie gern wiedertreffen würden – und plötzlich kam alles ganz anders.

Das Aussehen spielte beim Speed-Dating zwar eine maßgebliche Rolle und bescherte Personen, die mit Attraktivität gesegnet waren, besonders viel Interesse, das war jedoch bei Männern und Frauen gleichermaßen der Fall. Obwohl Frauen also im Vorhinein angaben, dass ihnen das Aussehen weniger wichtig war, ließen sie sich von adretten jungen Männern genauso um den Finger wickeln wie die Männer von den hübschen Frauen. Ebenso verhielt es sich mit den Karriereaussichten. Personen, denen eine glänzende berufliche Zukunft unterstellt wurde, schienen als Partner besonders geeignet. Doch obwohl Männer dies vorher als wenig relevant erachteten, waren sie vergleichbar interessiert an gutsituierten Speed-Datern wie Frauen.

Interessanterweise zeigte sich also beim Speed-Dating, dass die Studierenden vorher keinen blassen Schimmer davon hatten, wen sie anziehend finden werden. Zwar gaben sie an, sich mehr oder weniger stark für das Aussehen oder die zukünftige Karriere ihres potenziellen Partners zu interessieren. Dies stand jedoch in keinerlei Zusammenhang damit, wen sie beim Speed-Dating tatsächlich anziehend fanden. Es scheint also einen maßgeblichen Unterschied zu machen, ob wir, ganz pragmatisch, über den für uns perfekten Partner nachdenken oder ob wir, von Angesicht zu Angesicht, unser Gefühl entscheiden lassen.

Die Ergebnisse von Eastwick und Finkel legen nahe, dass wir uns nicht darüber bewusst sind, welche Menschen uns den Kopf verdrehen und welche nicht. Möglicherweise liegt das aber auch daran, dass wir, werden wir nach unserem perfekten Partner gefragt, zur Maßlosigkeit neigen. Man stelle sich vor: Könnte man wählen zwischen einem attraktiven, kulturell bewanderten Mann mit leidlicher Intelligenz und einem vergleichbaren Prachtexemplar mit hoher Intelligenz, so würden wohl die meisten von uns in Wenn-schon-denn-schon-Manier die intelligentere Version wählen. Denn werden wir nach unserem perfekten Partner gefragt, dann gibt es keinen Grund, zurückhaltend zu sein.

Anders verhält es sich im echten Leben, wo wir unsere Ansprüche an die verfügbaren Partner anpassen müssen. Denn es lohnt keine Zeit und Mühe, als hässliches Entlein trotzig in einen desinteressierten *prince charming* zu investieren. Vielmehr ist es plausibel, dass eine Person nur dann als Partner in Frage kommt, wenn sie bestimmte als notwendig erachtete Eigenschaften hat, es darüber hinaus aber zahlreiche Eigenschaften gibt, die zwar wünschenswert, aber keinesfalls zwingend notwendig sind, um als Partner zu bestehen. Dieser Idee ging Norman Li zusammen mit Kollegen nach und bat seine Untersuchungsteilnehmer darum, Prioritäten zu setzen.

Dafür wurden wartende Reisende auf einem Chicagoer Flughafen befragt. Durften die Personen nur wenige Eigenschaften benennen, die ihnen bei einem festen Partner wichtig sind, dann war für die Befragten eine mindestens durchschnittliche Intelligenz und Freundlichkeit zentral. Ein Mindestmaß an Intelligenz ist für die Bewältigung vieler Lebensaufgaben essenziell und wird außerdem in hohem Maße weitervererbt. Deshalb ist es naheliegend, dieser Eigenschaft bei der Partnerwahl eine große Bedeutung beizumessen. Die Freundlichkeit stellt sicher, dass die wünschenswerten Ressourcen des Partners («sein» Geld beziehungsweise «ihr» Körper) dem Partner auch zur Verfügung gestellt werden. Denn was bringt das volle Portemonnaie oder der schlanke Körper, wenn beides nicht «genutzt» werden darf?

Außerdem erwarten Frauen ein Mindestmaß an sozialem Status und Einkommen, während Männer auf eine mindestens durchschnittliche Attraktivität bestehen. Je weniger sich die Befragten in den Merkmalen ihres perfekten Partners beschränken mussten, desto ähnlicher wurden sich übrigens Männer und Frauen. Sie finden dementsprechend ähnliche Eigenschaften anziehend, sind aber bei unterschiedlichen Eigenschaften (Frauen bei der Attraktivität und Männer beim Einkommen) kompromissbereit. Sind die dringendsten Anforderungen an den Partner erst einmal erfüllt, dann werden andere Merkmale, wie insbesondere die Kreativität, wichtiger. Bei der Entscheidung für oder gegen einen Partner wiegt sie deutlich schwerer als umwerfende Attraktivität, grenzenloser Reichtum oder Hochbegabung.

Die Vorstellungen vom perfekten Partner haben auch über die Partnersuche hinaus einen wichtigen Einfluss auf eine Beziehung. Vor allem in frischen Partnerschaften beeinflusst die Passung von idealem und tatsächlichem Partner maßgeblich die Zufriedenheit mit der Beziehung und damit auch deren Stabilität. Zu diesem Ergebnis kommen Garth Fletcher und Kollegen, die dazu über ein Jahr hinweg Paare wiederholt befragten. Dabei fanden sie heraus, dass der tatsächliche Partner überzufällig stark dem idealen Partner ähnelte.

Dies kann mehrere Ursachen haben: Entweder wurde der Partner nach einem gewissen Beuteschema ausgesucht und stimmt deshalb mit dem idealen Partner überein, oder die Ansprüche wurden mit der Zeit an den Partner angepasst. Tatsächlich war Letzteres der Fall. In stabilen Beziehungen änderte sich zwar der tatsächliche Partner nicht stark, dafür aber passten sich die Vorstellungen des Idealpartners über die Zeit an. Durch diese erhöhte Passung von Wirklichkeit und Wunschdenken stieg die Zufriedenheit mit der Beziehung und sank das Risiko einer Trennung.

Vom Elfenbeinturm zum wirklichen Leben: Vernunft und Affekt

Zu hohe Ansprüche an die potenziellen Lieblingsliebsten zu stellen, führt zu Einsamkeit, denn leider leben wir nicht im Land der Ritter und Helden, und Lara Crofts gibt es auch nicht wie Sand am Meer. Zu geringe Ansprüche zu stellen, damit in die zweite Wahl zu investieren und so den idealen Partner zu verpassen, ist jedoch auch nicht ratsam. Um eine glückliche und stabile Beziehung zu führen, empfiehlt es sich deshalb, die eigenen Ansprüche zu drosseln und auf wenige zentrale Eigenschaften zu fokussieren. Im «Eifer des Affekts» während eines Dates ist das meist unrealistisch, beim vernunftgesteuerten Durchforsten von Partnerbörsen aber einen Versuch wert.

Auch hilft es beim Finden des perfekten Partners, den eigenen Marktwert zu justieren. Sind Eigenschaften wie ansehnliches Äußeres, Freundlichkeit und Gewandtheit im Auftreten im durchschnittlichen Maß vorhanden und zusätzlich noch passable Karriereaussichten vorzuweisen, nützt es nichts, noch weiter zu Barbie oder zum Workaholic zu mutieren. Statt diese Eigenschaften bis ins Extrem zu optimieren, steigern andere Eigenschaften wie Kreativität die Chancen auf den Traumpartner nämlich deutlich mehr.

Empfehlung zum Weiterlesen

Buss, David M.: «Sex differences in human mate preferences: Evolutionary hypotheses tested in 37 cultures», in: *Behavioral and Brain Sciences*, Bd. 12, 1989, S. 1–49.

Eastwick, Paul W. / Finkel, Eli J.: «Sex differences in mate preferences revisited: Do people know what they initially desire in a romantic partner?», in: *Journal of Personality and Social Psychology*, Bd. 94, 2008, S. 245–264.

Fletcher, Garth J. O. / Simpson, Jeffry A. / Thomas, Geoff: «Ideals, perceptions, and evaluations in early relationship development», in: *Journal of Personality and Social Psychology*, Bd. 79, 2000, S. 933–940.

Li, Norman P. / Bailey, J. Michael / Kenrick, Douglas T. / Linsenmeier, Joan A. W.: «The necessities and luxuries of mate preferences: Testing the tradeoffs», in: *Journal of Personality and Social Psychology*, Bd. 82, 2002, S. 947–955.

SEX MIT SUPERMAN

*S*ex mit einem attraktiven Mann zu haben klingt für die meisten Frauen verlockend. Doch wäre dieser Sex besser als Sex mit einem weniger attraktiven Mann? Tatsächlich wäre er das, und eine Ursache dafür ist das Testosteron. Im Bett kann eine Prise dieses Sexualhormons nämlich für besonderen Schwung sorgen, was in Affären genussvolle Vorteile bringt. Es gilt aber nicht nur als treibende Kraft beim Sex, sondern beeinflusst auch andere Eigenschaften wie Dominanz, Aggressivität und leichtsinniges Verhalten. Für langfristige Beziehungen eignet sich deshalb eher ein Mann mit niedrigerem Testosteronlevel. Warum das so ist, was sich die Natur dabei denkt und welche Frauen auch langfristig auf Superman fliegen, beantworten aktuelle wissenschaftliche Studien.*

* * *

Eine Frau ist dann besonders interessant für einen Mann, wenn sie jung ist, hübsch und fruchtbar. Die Qualität eines Mannes, bewertet mit den Augen einer Frau, ist komplizierter. Frauen sind bei der Partnerwahl deutlich wählerischer als ihre männlichen Gegenstücke, und es sind eher die weniger offensichtlichen Eigenschaften eines Mannes, die ihn als Partner interessant werden lassen. Erfolg, Macht und Geld sind oft nicht auf den ersten Blick erkennbar, gleichwohl werden sie von vielen Frauen als sehr vielversprechende Merkmale empfunden. In diesem Fall erfüllt der Mann die Rolle einer Ressource. Doch auch gutes Aussehen ist bei Männern selbstverständlich von Vorteil. In diesem Fall erfüllt der Mann die Rolle eines Accessoires.

Einer Studie von David Puts und Kollegen zufolge steigert ein attraktives und männliches Aussehen sogar den Spaß im Bett. Doch wie lassen sich solche Fragestellungen untersuchen, ohne in fremde Schlafzimmer zu linsen und damit die Stimmung zunichtezumachen? Puts und Kollegen entschieden sich dafür, heterosexuelle Paare zu befragen und deren Antworten mit ihrem Aussehen zu verknüpfen. Dafür erklärten sich 110 Paare bereit, die Auskunft zu ihren sexuellen Höhepunkten gaben und von unbeteiligten Dritten hinsichtlich ihres Aussehens bewertet wurden.

Puts und Kollegen konnten so zeigen, dass maskulin aussehende Männer ihre Partnerinnen im Allgemeinen häufiger zum Orgasmus bringen. Und das bereits vor ihrem eigenen Höhepunkt, was für ein ausgeprägtes, als besonderes sexuelles Vergnügen geltendes Vorspiel spricht. Sex mit einem attraktiv aussehenden Mann dagegen steigert die Wahrscheinlichkeit für einen weiblichen Orgasmus während oder nach dessen Höhepunkt. Ähnliches gilt für länger andauernde Beziehungen, in denen die Frau auch eher später als früher zum Orgasmus kommt. Bei sexuellen Handlungen ohne Fortpflanzungschance, wie beispielsweise beim Oralsex, bleibt die weibliche Lust übrigens unbeeinflusst von der Maskulinität und Attraktivität des Bettgefährten.

Es drängt sich die Frage auf, wozu diese Differenzierung sinnvoll ist: Warum verspüren Frauen das sexuelle Vergnügen nicht mit jedem Mann, auch dann, wenn es sich um eine Romanze zwischen der Schönen und dem Biest handeln sollte? Die Evolutionspsychologie vermutet Folgendes: Ein Mann mit hervorragenden Genen zeugt zum einen gesunden, süßen und intelligenten Nachwuchs. Unter dem Gesichtspunkt einer kontinuierlichen Optimierung der Menschheitsgeschichte wäre dieser Mann als Bettgefährte demnach ein vortrefflicher Kandidat. Zum anderen sieht ein Mann mit tadellosen Genen auch attraktiv und maskulin aus. Eine Frau mit mehr oder weniger bewusstem Interesse an makellosem Nachwuchs begeistert sich deshalb bevorzugt für attraktive und maskuline Männer.

Landet dieser attraktive und maskuline Mann später mit der jungen, hübschen, fruchtbaren Frau im Bett, dann wäre Nachwuchs, zumindest was die langfristige Erhaltung der Spezies anbelangt, von Vorteil. Die Natur nutzt diesen Vorteil für sich, indem sie die Wahrscheinlichkeit für eine Schwangerschaft bei dieser Konstellation erhöht. Ein Orgasmus fördert eine Schwangerschaft nämlich direkt und indirekt, unter anderem durch die erhöhte Ausschüttung des Sexualhormons Oxytocin: Dadurch wird mehr Sperma zum Ort des Geschehens befördert (anstatt dass es unverrichteter Dinge den Weg nach außen sucht), es bleibt eine erhöhte Anzahl fähiger Spermien erhalten, und deren verlängerte Haltbarkeit wird erleichtert. Auch die Chance auf wiederholten Sex zwischen diesem Mann und dieser Frau steigert sich dadurch, denn wenn der Sex einmal besonders gut war, dann bietet sich selbstverständlich (nicht nur) eine Wiederholung an.

Wie maskulin und attraktiv ein Mann ist, wird unter anderem von dem Sexualhormon Testosteron beeinflusst. Wird viel Testosteron im Körper eines Mannes ausgeschüttet, spiegelt sich das nicht nur in einem ausgesprochen männlichen Aussehen wider, sondern auch in seinem Verhalten. Das Testosteronlevel ist beispielsweise bei Männern höher, die dominant auftreten und einen höheren sozialen Status innehaben. Es steigt auch, wenn ein

Mann Interesse an einer Frau hat, diese beeindrucken oder einfach ins Bett kriegen möchte.

Um zu untersuchen, wie und unter welchen Bedingungen sich Testosteron auf das Verhalten auswirkt, beobachteten Richard Slatcher und Kollegen 76 heterosexuelle Studenten. Diese gaben eine Speichelprobe ab, aus der sich das Testosteronlevel bestimmen lässt. Da der Testosteronspiegel im Laufe eines Tages schwankt, wurden die Beobachtungen zur besseren Vergleichbarkeit alle am frühen Nachmittag durchgeführt. Anschließend bekamen je zwei Männer die Aufgabe, für sieben Minuten um die Aufmerksamkeit einer jungen und attraktiven Mitarbeiterin des (ansonsten männlichen) Forscherteams zu buhlen.

Männer mit viel Testosteron verhielten sich dominanter und werteten ihren Kontrahenten mehr ab. Auf die schöne Mitarbeiterin, um deren Gunst geworben werden sollte, machte das anscheinend einen guten Eindruck: Sie fühlte sich zu solchen Männern besonders hingezogen. Diesen Erfolg kann das Testosteron deshalb für sich verbuchen, weil eine hohe Konzentration des Hormons zum einen das Interesse der Männer an Frauen erhöht und zum anderen den Wettbewerbseifer steigert.

Vom Elfenbeinturm zum wirklichen Leben: Testosteron und Lust

Ein ausgeprägtes Level an Testosteron bei Männern wirkt auf Frauen attraktiv. Es lässt die Männer besonders maskulin und damit attraktiv aussehen, geht mit Selbstsicherheit und Dominanz einher und weckt bei ihnen den Drang nach Eroberungen. Die Frauen fühlen sich von diesem kompetitiven Gebalze gebauchpinselt und erleben beim Sex mit diesen Männern tatsächlich mehr Höhepunkte.

Die Rolle als Accessoire erfüllt ein Mann mit hohem Testosteronlevel also möglicherweise sehr gut. Auch spricht sein Auftreten für gute Gene, was ihn als Erzeuger von späterem Nachwuchs prinzipiell geeignet macht.

Ein Mehr an Testosteron verspricht zwar weiche Knie bei den Frauen, aber auch hier kommt es, wie so oft, auf das gesunde Mittelmaß an. Bei einer übermäßigen Testosteronkonzentration wird aus anziehendem Selbstbewusstsein nämlich schnell leichtsinniges Verhalten. Steven Stanton und Kollegen konnten das in einer Studie verdeutlichen: Sie nahmen knapp 300 Personen – Männern und Frauen – eine Speichelprobe zur Testosteronbestimmung ab und ließen sie an einem Glücksspiel teilnehmen.

In mehreren Durchgängen sollten die Probanden zwischen zwei angebotenen Alternativen wählen: Entweder einem festen, aber kleinen Geldbetrag (zum Beispiel 5 Dollar) oder der Chance auf einen größeren Geldbetrag (zum Beispiel 13 Dollar), die verbunden war mit dem Risiko, gar kein Geld zu erhalten oder bereits erspieltes Geld wieder zu verlieren. Männer waren bei diesem Glücksspiel deutlich risikofreudiger als Frauen und hatten, wie zu erwarten, auch ein deutlich höheres Testosteronlevel als diese.

Darüber hinaus waren Personen mit einem für ihr Geschlecht typischen Testosteronlevel vergleichsweise wenig risikofreudig und entschieden sich dementsprechend eher für geringe, aber sichere Geldbeträge. Personen mit einem extremen Testosteronlevel, das heißt sehr viel oder sehr wenig Testosteron, verhielten sich dagegen deutlich risikofreudiger: Als logische Konsequenz gewannen sie deshalb viel und verloren auch wieder viel. Der damit einhergehende Nervenkitzel ist zwar aufregend, kann sich auf lange Sicht als Leichtsinn aber auch nachteilig auswirken. Ein hohes Testosteronlevel ist insbesondere dann problematisch, wenn die hemmungslosen Wagnisse zu Alkoholmissbrauch und Drogenkonsum, Aggression und straffälligem Verhalten führen.

Ungezügeltes Verhalten, gesteigertes Interesse am anderen Geschlecht und Mut zum Risiko bilden auch eine fruchtbare Voraussetzung für sexuelle Untreue. Und tatsächlich geht ein hohes Testosteronlevel mit Promiskuität einher. Für eine Single-Frau mag das von Vorteil sein, denn dann profitiert sie mit einer höheren Wahrscheinlichkeit vom guten Sex mit ebenjenen maskulinen Männern. Für die Partnerin bringt diese sexuelle Freizügigkeit entsprechend Nachteile mit sich. Beruhigen kann hierbei möglicherweise die Tatsache, dass das Testosteronlevel bei Männern sinkt, wenn sie eine feste Beziehung eingehen oder Vater werden. Wird ein Lebemann also irgendwann sesshaft, dann kann sich sein Hormonhaushalt an die neuen Herausforderungen anpassen.

Dass dies jedoch nicht für jeden Mann gleichermaßen der Fall ist, fand Matthew McIntyre zusammen mit Kollegen heraus. Sie untersuchten in zwei Studien knapp 200 männliche Studenten hinsichtlich ihres Testosterons und ihrer Soziosexualität. Personen mit einer uneingeschränkten soziosexuellen Orientierung genießen zwanglosen Gelegenheitssex, sowohl in der Phantasie als auch in der Realität. Personen mit eingeschränkter soziosexueller Orientierung dagegen präferieren Sex ausschließlich in festen Beziehungen. Vor allem wenig soziosexuelle Männer, bei denen Liebe und Sex miteinander gekoppelt ist, haben ein deutlich vermindertes Testosteronlevel, während sie in festen Partnerschaften leben. Dadurch wird ihre Partnerschaft geschützt, weil das Risiko für sexuelle Nebenprojekte deutlich vermindert wird.

Gebundene Männer mit einer ausgeprägten Soziosexualität profitieren dagegen nicht von diesem beziehungsschützenden

Effekt des verminderten Testosterons. Sowohl in ihrer Einstellung als auch ihrem Hormonhaushalt sind sie weiterhin auf Affären ausgerichtet. Da sie, wie oben beschrieben, mit Leichtigkeit Frauen umwerben und dabei auch noch gut ankommen, erhöht sich das Risiko für Sex mit anderen Frauen umso mehr. Gehen sie diesem Laster nach, gefährdet das ihre primäre Partnerschaft. Aber selbst wenn sie es nicht tun: Die Aufrechterhaltung ihres Hormonspiegels kostet viel Energie und kann so beispielsweise die Immunfunktion schwächen.

Ein hohes Testosteronlevel beim Mann erweist sich also für seine Beziehung durchaus als ein zweischneidiges Schwert. Einige Frauen lassen sich davon jedoch nicht abschrecken, sondern machen sich gezielt auf die Suche nach ebensolchen Männern. Jeffrey Snyder und Kollegen konnten herausfinden, warum das so ist. Sie befragten in drei Online-Studien etwa 2500 Frauen unterschiedlichen Alters nach ihrem idealen Partner und nach ihrer Ängstlichkeit. Dabei zeigte sich, dass Frauen, die sich vor gewalttätigen Übergriffen fürchteten, einen starken und dominanten *bad boy* als Partner bevorzugen.

Was auf den ersten Blick widersprüchlich erscheinen mag, folgt durchaus einer plausiblen Abwägung: Fühlt sich eine Frau durch Überfälle, Einbrüche und ähnliche Delikte gefährdet, dann sucht sie sich bevorzugt einen beschützungskompetenten (also aggressiven) Mann. Dies geht zwar mit dem Risiko einher, dass der Partner sich ihr gegenüber unterdrückend verhält, wird aber durch den Nutzen wettgemacht, anderen gewalttätigen Situationen weniger ausgeliefert zu sein. Interessanterweise hatte die tatsächliche Gefahr, Opfer eines Verbrechens zu werden, mit dieser Partnerwahlstrategie überhaupt nichts zu tun. Die Suche nach dem *bad boy* ist also ausschließlich durch die von der Frau wahrgenommene Bedrohung beeinflusst.

Vom Elfenbeinturm zum wirklichen Leben II: Testosteron und Laster

Testosteron kann beim Sex die Lust steigern, geht aber auch mit zahlreichen Herausforderungen einher. Ein sehr hohes Testosteronlevel steht im Zusammenhang mit Aggression, Leichtsinnigkeit und kontinuierlicher Suche nach sexuellen Alternativen zur eigenen Partnerin. Als Ressource ist ein solcher Partner dementsprechend nicht unbedingt geeignet. Eine Ausnahme gibt es jedoch: Testosteron kann auch ein Gefühl von Sicherheit vermitteln und ist so in Beziehungen mit ängstlichen Frauen durchaus hilfreich. Abgesehen davon, befähigt das Testosteron in Wettbewerbssituationen zu Hochleistungen und ermöglicht es dadurch auch, einen höheren sozialen Status zu erreichen. Das lässt zwar prinzipiell Frauenherzen höher schlagen, ob die gewonnenen Ressourcen jedoch ausschließlich der Lieblingsliebsten zugutekämen, ist bestenfalls fraglich.

Empfehlung zum Weiterlesen

McIntyre, Matthew et al.: «Romantic involvement often reduces men's testosterone levels – but not always: the moderating role of extrapair sexual interest», in: *Journal of Personality and Social Psychology*, Bd. 91, 2006, S. 642–651.

Puts, David A. / Welling, Lisa L. M. / Burriss, Robert P. / Dawood, Khytam: «Men's masculinity and attractiveness predict their female partners' reported orgasm frequency and timing», in: *Evolution and Human Behavior*, Bd. 33, 2012, S. 1–9.

Slatcher, Richard B. / Mehta, Pranjal H. / Josephs, Robert A.: «Testosterone and self-reported dominance interact to influence human mating behavior», in: *Social Psychological and Personality Science*, Bd. 2, 2011, S. 531–539.

Snyder, Jeffrey K. et al.: «Trade-offs in a dangerous world: women's fear of crime predicts preferences for aggressive and formidable mates», in: *Evolution and Human Behavior*, Bd. 32, 2011, S. 127–137.

Stanton, Steven J. et al.: «Low- and high-testosterone individuals exhibit decreased aversion to economic risk», in: *Psychological Science*, Bd. 22, 2011, S. 447–453.

ROT WIE DIE LIEBE?

Rot gilt als Farbe der Liebe und Romantik. Die roten Rosen, die alljährlich zu Tausenden zum Valentinstag verschenkt werden und zahlreiche Liebesbekenntnisse begleiten, scheinen ein deutliches Zeichen dafür zu sein. Wer mit der Farbe Rot hartnäckig große Gefühle verbindet, der irrt jedoch: Rot ist vielmehr die Farbe der sexuellen Anziehung, denn sie strahlt Fruchtbarkeit (bei der Frau) und Macht (beim Mann) aus und lässt so unbewusst die Leidenschaft auflodern. Über diese basalen Prozesse hinaus fördert die verführerische Farbe jedoch nicht die Sympathie und vergleichbare Liebesboten, sondern eignet sich lediglich als Aphrodisiakum.

* * *

Dass sich die Farbe Rot auf die sexuelle Anziehung auswirkt, ließ sich von Andrew Elliot und Daniela Niesta im Labor bestätigen. Doch obwohl sie ihren Artikel aus dem Jahr 2008 ungewohnt sentimental mit «Romantic Red» betitelten, ging es im Labor nicht wirklich romantisch zu: Junge Männer besahen sich die Schwarzweißfotografie von einer jungen Frau und wurden dazu befragt. Es handelte sich dabei immer um dieselbe, durchschnittlich attraktive Frau, die – das war der einzige Unterschied – entweder vor einem roten oder einem weißen Hintergrund abgebildet war. Obwohl die Probanden der Hintergrundfarbe keine bewusste Beachtung schenkten, wurde die Frau vor rotem Hintergrund als deutlich attraktiver empfunden.

Ähnliche Effekte fanden Elliot und Niesta in Experimenten mit Fotos, die ein und dieselbe Frau in verschiedenfarbigen Oberteilen zeigten. Auch hier galt: Sahen junge Männer eine *lady in red*, dann fanden sie die Frau attraktiver, fühlten sich sexuell stärker angezogen und gaben vermehrt an, sie um ein Date bitten und mit ihr im Bett landen zu wollen. Anders die Männer, die dieselbe Frau im grünen Shirt sahen. Und die befragten Frauen? Sie ließen sich durch das Rot überhaupt nicht beirren; gleichgültig, welche Farbe die fotografierte Frau umgab, ihre Einschätzung der Attraktivität wurde davon in keiner Weise beeinflusst.

Auch außerhalb des Labors konnte die verführerische Wirkung der Farbe Rot nachgewiesen werden. So konnten Nicolas Guéguen und Céline Jacob beispielsweise zeigen, dass Männer beim Online-Dating deutlich häufiger zu Frauen Kontakt aufnahmen, die sich in rotem Oberteil präsentierten. In einer weiteren Studie fand Guéguen, dass männliche Autofahrer deutlich häufiger anhielten, um eine Tramperin mitzunehmen, wenn diese ein rotes Oberteil trug. Die weiblichen Autofahrerinnen ließen sich von der roten Farbe auch hier wieder nicht beeinflussen.

Sascha Schwarz und Marie Singer fanden als Weiterführung dieser Ergebnisse in ihrer aktuellen Studie *Romantic red revisited* heraus, dass dieser Farbeffekt bei jungen, nicht aber bei älteren Frauen gilt. Sie zeigten Männern unterschiedlichen Alters ein Foto einer durchschnittlich attraktiven jungen oder einer ebenso attraktiven Frau mittleren Alters wiederum vor entweder rotem oder weißem Hintergrund. Die Männer fühlten sich stärker zu der jungen Frau hingezogen, und diese sexuelle Anziehung wurde durch die Farbe Rot noch einmal verstärkt. Die Hintergrundfarbe dagegen änderte nichts an der ohnehin schon vergleichsweise geringen sexuellen Anziehung, die die Frau mittleren Alters auslöste. Die betörende Wirkung der Farbe Rot scheint Männer demnach sehr spezifisch zu beeinflussen.

Wo aber liegt die Ursache dieser betörenden Wirkung? Warum lassen sich Männer durch diese Farbe so stark becircen? Zwei Ursachen sind nach Ansicht von Elliot und Niesta besonders naheliegend: Zum einen könnte dieser Effekt auf biologische Triebe zurückgehen, zum anderen auf gesellschaftliche Gewohnheiten.

In der Tierwelt spiegelt Rot eine erhöhte sexuelle Bereitschaft wider. Zum Beispiel verfärben sich die Genitalien von weiblichen Affen während des Eisprungs, der besonders fruchtbaren Phase im weiblichen Zyklus. Dies geht auf einen erhöhten Östrogenspiegel zurück, da Östrogen zu erhöhter Durchblutung und damit zum Erröten der Haut führen kann. Durch das teilweise sehr starke Erröten fühlen sich Affenmännchen zu den Weibchen hingezogen und starten entsprechend ihre Eroberungsversuche.

Doch nicht nur in der Tierwelt, auch bei Menschen hat der weibliche Zyklus sichtbaren Einfluss auf das Aussehen, wenn auch auf deutlich subtilere Weise. So führen die durch den Eisprung ausgelösten hormonellen Veränderungen auch bei Frauen zu Veränderungen im Hautbild: Sie weisen insgesamt einen blasseren Hautton auf, neigen aber ebenso zu schnellerem Erröten. Kurzum, die Farbe Rot signalisiert erhöhte Fruchtbarkeit, auf die Männer mit erhöhtem Interesse reagieren. Ganz anders bei Frauen nach der Menopause: Da sie zu diesem Zeitpunkt nicht mehr fruchtbar sind, profitieren sie auch nicht mehr von der Signalwirkung der Farbe Rot.

Alternativ zur These der Triebsteuerung könnte die Farbwirkung auch mit gesellschaftlichen Erfahrungen erklärt werden. Menschen werden insbesondere im Zusammenhang mit Sexualität mit der Farbe Rot konfrontiert. Also assoziieren sie aus

Gewohnheit rot häufig mit Sex, möglicherweise sogar – siehe Rotlichtviertel – mit sexueller Verfügbarkeit. Interessanterweise scheint Männern dieser Zusammenhang nicht bewusst zu sein. Sie führten die Anziehungskraft nämlich auf die Attraktivität des Gesichts beziehungsweise die Kleidung der fotografierten Frau zurück. Ganz wichtig: Der Einfluss der Farbe Rot ist stark begrenzt und beeinflusst weder die Sympathie noch die Einschätzung der Freundlichkeit oder der Intelligenz der abgebildeten Frau.

Vom Elfenbeinturm zum wirklichen Leben:
Lady in Red

Für unseren Lebensalltag lässt sich aus diesen Befunden ableiten, dass Rot eben doch nicht in erster Linie die Farbe der Liebe ist, sondern eher mit Sexualität, genauer: mit Sex mit unbekannten jungen Frauen assoziiert wird. Eine Frau ist mit roter Kleidung also dann gut beraten, wenn sie entweder auf der Suche nach einer Affäre ist oder zumindest Aufmerksamkeit wecken möchte, um damit eventuell eine Grundlage für eine längerfristige Beziehung zu schaffen. Rote Kleidung wird ihre Chancen auf Erfolg im Mittel entweder erhöhen (vor allem wenn sie jung ist) oder unbeeinflusst lassen (dann, wenn sie älter ist).

Im Hinblick auf Männer ergeben diese Studienergebnisse, dass sie ohne eigenes Zutun von der Farbe Rot beeinflusst werden. Diese Farbe wird vom Mann intuitiv, also weitgehend ohne Nutzung mentaler Ressourcen, als weibliche Koketterie wahrgenommen. Als Signal für die Offenheit einer Frau kann die Farbe Rot als Kleidungsstück oder Accessoire gut funktionieren, als Signal für tatsächliche Fruchtbarkeit ist sie aber nur begrenzt sinnvoll, da diese Farbe bei Menschen nur wenig mit der tatsächlichen Fruchtbarkeit zusammenhängt.

Die *lady in red* in ihrem roten Abendkleid, ihren knallrot geschminkten Lippen oder rot lackierten Fingernägeln entspricht dem Klischee des Vamps. Umgekehrt ist der Einfluss, den die Farbe Rot auf die wahrgenommene Attraktivität eines Mannes hat, bei vielen weniger präsent. Doch auch Frauen lassen sich von der roten Farbe verführen, wie Andrew Elliot und Kollegen in einer weiteren Studie herausfanden. Ebenso wie in den genannten Studien wurden Frauen Fotos von durchschnittlich attraktiven Männern gezeigt. Einige Frauen sahen die Männer vor rotem Hintergrund oder im roten Shirt, andere sahen die Männer vor andersfarbigem Hintergrund oder in andersfarbiger Kleidung. Tatsächlich fanden die Frauen die *gentlemen in red* attraktiver, gaben eher an, mit ihnen ausgehen oder sie küssen zu wollen. Männer dagegen ließen sich – genauso wie oben die Frauen – von der roten Farbe in ihrer Attraktivitätseinschätzung der abgebildeten Geschlechtsgenossen nicht beeinflussen.

Um zu ermitteln, womit sich die erhöhte sexuelle Anziehungskraft von Männern vor rotem Hintergrund oder in roten Oberteilen erklären lässt, untersuchten Elliot und Kollegen mehrere plausible Mechanismen, wie zum Beispiel die Frage, ob Männer in Rot sympathischer, verträglicher oder extravertierter auf Frauen wirken. Es ließ sich allerdings für keine dieser Eigenschaften ein Zusammenhang mit der Farbe Rot herstellen. Frauen fanden die Männer in Rot also genauso sympathisch, verträglich oder extravertiert wie andere Männer, fühlten sich aber dennoch stärker zu ihnen hingezogen.

Der tatsächliche Zusammenhang zwischen der Farbe Rot und sexueller Anziehung geht vielmehr darauf zurück, dass Frauen den *gentlemen in red* einen höheren sozialen Status unterstellen. Dieser angenommene höhere soziale Status steigert die wahrgenommene Attraktivität des Mannes. Dass der soziale Status eines Mannes seine Chancen bei Frauen maßgeblich mitbestimmt, ist bereits vielfach belegt. Dass hingegen die Farbe Rot mit einem höheren sozialen Status assoziiert wird, ist weniger naheliegend. Begründbar ist dieser Zusammenhang wiederum sowohl mit biologischen Trieben als auch mit gesellschaftlichen Erfahrungen.

Ein Blick ins Tierreich hilft auch hier weiter: Eine Präferenz von Weibchen für Männchen mit roter Färbung zeigt sich bei verschiedensten Tierarten wie Krebsen, Fischen, Vögeln und Affen. Oftmals tritt die rote Färbung verstärkt bei statushohen Männchen auf. Zum Beispiel weisen die Mandrill, eine Affenart, besonders dann eine auffallende rote Färbung des Gesichts und der Genitalien auf, wenn es sich um Alphamännchen handelt. Die Rotfärbung intensiviert sich bei ihnen zudem während der Paarungszeit und bei Rivalenkämpfen, was dafür spricht, dass sie durch einen erhöhten Testosteronspiegel gefördert wird und mit einem höheren sozialen Status einhergeht.

Ebenso plausibel ist aber, dass Frauen gewohnheitsmäßig die Farbe Rot an Männern mit Status und Prestige verbinden. Man denke nur an die leuchtend roten Roben der Richter des Bundesverfassungsgerichtes, die damit ihre übergeordnete Stellung betonen und Autorität ausstrahlen. Oder an den für «hohen Besuch» ausgerollten roten Teppich als Zeichen der Ehrerbietung. Nicht nur in den modernen Gesellschaften, auch schon in früheren Zeiten und unterschiedlichsten Kulturen finden sich zahlreiche Beispiele dafür, dass die Farbe Rot, aufgebracht auf Körper oder Gegenständen, Schmuck oder Kleidung, Stärke und Macht demonstrieren soll.

Es ist deshalb nicht verwunderlich, dass dieser Signalfarbe auch im beruflichen Leben nicht unerhebliche Bedeutung zukommt. Andrew Elliot und Markus Maier führen eine Reihe von Laborbefunden auf, die darauf schließen lassen, dass Rot die Motivation und Leistung beeinflusst – allerdings im negativen Sinne. In einem Experiment baten sie Personen, Testaufgaben zu lösen, die entweder mit roten, grünen oder schwarzen Nummern versehen waren. Es zeigte sich, dass die rot nummerierten Aufgaben deutlich schlechter gelöst wurden, genauso wie auch in roten Testheften schlechter gearbeitet wurde als in andersfarbigen. Weitere Analysen ergaben, dass sich die Personen mit den in Rot gehaltenen Tests weniger zutrauten und eine stärkere Aktivität im rechten (im Vergleich zum linken) Präfrontalcortex zeigten, was beides für eine Vermeidungshaltung spricht.

Vom Elfenbeinturm zum wirklichen Leben: Gentlemen in Red

Elliot und Niesta sahen sich in ihrer Studie von 2008 noch veranlasst, mit spöttischem Unterton die Richtigkeit des Vorwurfs zahlreicher Frauen, Männer verhielten sich primitiv wie Tiere, zumindest hinsichtlich der Sexualität zu bestätigen. Nur zwei Jahre später mussten sie allerdings eingestehen, dass Frauen den Männern hier in keiner Weise nachstehen. Auch das weibliche Geschlecht lässt sich unbewusst von der Farbe Rot verführen. Ohne weitere Informationen über das Gegenüber mag das ein plausibler Automatismus unseres Körpers sein, der über evolutionäre Mechanismen oder gesellschaftliche Konventionen entstand. Sich von dieser Anziehungskraft in der Partnerwahl beeinflussen zu lassen, ist dagegen wenig vielversprechend, da die Zusammenhänge zwischen der Farbe Rot und der Fruchtbarkeit beziehungsweise dem sozialen Status einer Person beim Menschen bestenfalls als klein gelten können.

Empfehlungen zum Weiterlesen

Elliot, Andrew J. / Maier, Markus A.: «Color and psychological functioning», in: *Current Directions in Psychological Science,* Bd. 16, 2007, S. 250–254.

Elliot, Andrew J. / Niesta, Daniela: «Romantic red: Red enhances men's attraction to women», in: *Journal of Personality and Social Psychology,* Bd. 95, 2008, S. 1150–1164.

Elliot, Andrew J. et al.: «Red, rank, and romance in women viewing men», in: *Journal of Experimental Psychology: General,* Bd. 139, 2010, S. 399–417.

Guéguen, Nicolas: «Color and women hitchhikers' attractiveness: Gentlemen drivers prefer red», in: *COLOR research and application,* Bd. 37, 2012, S. 76–78.

Guéguen, Nicolas / Jacob, Céline: «Color and cyber-attractiveness: Red enhances men's attraction to women's internet personal ads», in: *COLOR research and application,* Bd. 38, 2013, S. 309–312.

Schwarz, Sascha / Singer, Marie: «Romantic red revisited: Red enhances men's attraction to young, but not menopausal women», in: *Journal of Experimental Social Psychology,* Bd. 49, 2013, S. 161–164.

DIE UNBEWUSSTE MACHT DER WORTE

chon bevor wir uns dessen selbst bewusst sind, lassen die Worte, die wir nutzen, und die Sätze, die wir daraus bilden, in einer Unterhaltung erste Anzeichen gegenseitiger Zuneigung erkennen. Wie wir sprechen, steht sowohl im Zusammenhang mit der Anziehung beim ersten Date als auch dem Erfolg in gestandenen Beziehungen. Und obwohl die Wirkung der Kommunikation größtenteils unbewusst bleibt, lässt sich die Macht der Worte bewusst einsetzen, um den Beziehungserfolg zu erhöhen. Denn sich aktiv mit seinen Gedanken und Gefühlen auseinanderzusetzen und diese beim Schreiben in Worte zu fassen, ist eine einfache und wirkungsvolle Investition in die Partnerschaft. Die einzige Voraussetzung: 21 Minuten Zeit.

* * *

Jedes Gespräch bietet Einblick in die Persönlichkeit einer Person. Was sie sagt, welche Gedanken und Meinungen sie äußert, was sie schätzt und was sie ablehnt, wird, in Worte verpackt, an die Gesprächspartner vermittelt. Im Alltag weit weniger beachtet als der unmittelbare Inhalt ist die Art, wie Menschen sprechen. Dabei vermitteln sich über sie besonders viele Informationen darüber, wer wir sind und mit wem wir harmonieren. Um aufzudecken, welche Merkmale des Sprachstils unsere Persönlichkeit durchschimmern lassen, führte Matthias Mehl deshalb zusammen mit Kollegen eine innovative Beobachtung von Personen durch.

Eine Person im Alltag zu beobachten, ist leichter gesagt als getan. Ihr beständig an den Fersen zu kleben, um zu beobachten und zu protokollieren, was sie wann mit wem bespricht, wird schwerlich einen Einblick in ihren typischen Alltag bieten. Die wissenschaftliche Beobachtung ist jedoch nicht nur auf das sehende Auge beschränkt, sondern umfasst auch die akustische Beobachtung. Genau diese nutzte Mehl mit Kollegen, um zu ermitteln, wie sich Menschen voneinander unterscheiden. Dafür statteten sie etwa 100 Studierende mit einem *Electronically Activated Recorder* (EAR) aus, einer Art Diktiergerät, das regelmäßig nach 12,5 Minuten für eine halbe Minute alle momentanen Geräusche im Umfeld einer Person aufzeichnet. Dieses Aufnahmegerät trugen die Teilnehmer an zwei aufeinander folgenden Tagen bei sich. Im Vergleich zu künstlichen Laboruntersuchungen oder indiskreten Alltagsbegleitungen kann man von solchen Aufnahmeschnipseln (in diesem Fall rund 130 je Teilnehmer) realitätsnahe Informationen über deren Leben erwarten.

Die Auswertung dieser Gesprächsfetzen ließ denn auch zahlreiche Rückschlüsse auf die Persönlichkeit des jeweiligen EAR-Trägers zu. Beispielsweise waren extravertierte Personen häufig in Gespräche verwickelt und plapperten wie ein Wasserfall. Auch emotional stabile Personen redeten viel und waren dabei vergleichsweise selten in Streitigkeiten verwickelt. Konflikte vermieden auch verträgliche Personen, indem sie an Schimpfworten sparten. Weit weniger offensichtlich: Sie sprachen auch besonders häufig aus der «Ich-Perspektive». Damit scheinen sie intuitiv dem nachzugehen, was Paartherapeuten ihren Klienten immer wieder empfehlen: Lieber über eigene Wahrnehmungen, Gedanken und Gefühle sprechen («Ich habe das Gefühl, dass ...»), als sich sofort in Anschuldigungen zu verstricken («Du machst immer ...»).

Geflucht wird auch bei den Gewissenhaften wenig, die darüber hinaus in ihren Unterhaltungen einen großen Bogen um die Verbalisierung negativer Emotionen machten. Sind Personen besonders offen gegenüber neuen Erfahrungen, dann nutzen sie die Vergangenheitsform seltener, genauso wie Personalpronomen der dritten Person (er, sie, es, man). Im Gespräch würde das vermutlich nicht auffallen, erst durch die detaillierte Beobachtung kommen diese Besonderheiten zum Vorschein und zeigen so, dass sich an aufregendem Neuen interessierte Menschen auch sprachlich weniger darum scheren «was man zu machen pflegte» oder «wie es schon immer war».

Dass die Plappertasche extravertiert ist, ist wenig erstaunlich, und so gehört auch die Extraversion zu den Eigenschaften, die sich besonders schnell und akkurat bei anderen erkennen lässt. Personen nutzen jedoch auch weniger offensichtliche Merkmale eines Sprachstils, um ein Gefühl für ihren Gesprächspartner zu entwickeln. Hierbei kommt sogenannten Funktionsworten eine besondere Bedeutung zu. Denn Molly Ireland fand gemeinsam mit Kollegen, dass diese, wenn auch per se inhaltsleer, die gegenseitige Anziehung prägen. Dieser Schluss beruht auf der Beobachtung von 80 jungen Singles beim Speed-Dating. In vierminütigen Dates wurden dabei durchschnittlich 429 Worte ausgetauscht, deren Nutzung systematisch verglichen wurde.

Ein Computerprogramm wertete aus, wie häufig bestimmte Funktionswörter genutzt wurden. Zu diesen gehören unter anderem Personalpronomen (ich, du, wir), Artikel (der, die, das), Konjunktionen (und, aber, weil) und Präpositionen (auf, unter, nach). Man würde meinen, diese Worte kommen lediglich ihrer Bestimmung nach, grammatikalisch notwendige Funktionen im

Satz zu übernehmen. Eine Übereinstimmung in der Benutzung dieser Wörter stellte sich aber als Aphrodisiakum heraus: Bei mindestens mittelguter Ähnlichkeit war immerhin jedes dritte Date ein Erfolg. Bei geringerer Übereinstimmung im Sprachstil war das nur bei etwa jedem zehnten Date der Fall.

Wenn sich bereits zwei einsame Seelen zusammengetan haben, ist die Ähnlichkeit in der Ausdrucksweise auch ein guter Indikator für die Qualität der Beziehung. In einer weiteren Studie von Ireland und Kollegen übergaben 86 junge Paare die Chatprotokolle der vergangenen zehn Tage an das Forscherteam, was pro Paar etwa 6000 ausgetauschten Worten entsprach. Von den Paaren, die sich in ihrer Ausdrucksweise mindestens mittelprächtig ähnelten, waren in den darauf folgenden drei Monaten noch etwa drei Viertel zusammen. Von den Beziehungen mit geringerer Ähnlichkeit in der Ausdrucksweise blieben in diesem Zeitraum nur etwa 50 Prozent intakt.

Vom Elfenbeinturm zum wirklichen Leben:
Worte vermitteln mehr als Inhalt

Abgesehen vom strikten Eigenbrötler, sprechen Menschen täglich: mit dem Partner, den Kindern, beim Arbeiten und Einkaufen. Es überrascht deshalb nicht, dass sich darin auch Persönlichkeitsunterschiede festmachen lassen. Weit weniger intuitiv: Eine Passung im Sprachstil eignet sich als vielversprechender Vorbote für eine Passung als Paar. Obwohl Gespräche hauptsächlich durch Worte getragen werden, die Inhalte vermitteln, sind es gerade die grammatikalisch wichtigen Funktionswörter, die uns unbewusst einer anderen Person entweder näherbringen oder wenig nah sein lassen.

Auch bei Beziehungskonflikten zeigt sich die einflussreiche Seite der Personalpronomen. Diese Beobachtung machte Rachel Simmons zusammen mit ihren Kollegen. Sie nahmen Gespräche von knapp 60 Paaren unter die Lupe, die im Labor für zehn Minuten ein aktuelles Beziehungsproblem diskutieren sollten, um es gemeinsam zu lösen. Besonders gut darin waren Paare mit «Wir-Fokus». Tauchte nämlich immer wieder ein «Wir» im Gespräch auf, dann ging dies auch meist mit konstruktiven Problemlösungen einher. Eine Erklärung dafür ist, dass sich diese Paare als Einheit wahrnehmen, wenn sie von «wir» und «uns» sprechen. Sie verspüren vermutlich mehr Verantwortung füreinander und haben deswegen ein stärkeres Interesse daran, zu einer guten gemeinsamen Lösung für ihr Partnerschaftsproblem zu gelangen.

Deutlich negativer verliefen Gespräche, in denen Paare bevorzugt das «Du» benutzten. Gegenseitige Kritik, Uneinigkeit und Rechtfertigungen prägten dann den Austausch. Auch wenn diese Zusammenhänge in den meisten Gesprächen nicht bewusst wahrgenommen werden, färben sie auf das Gesprächsthema ab. Steht in einer Partnerschaft also die Lösung eines Konflikts an, bietet sich durchaus der gedankliche und sprachliche Wechsel von «du» auf «wir» an. So können gegenseitige Anschuldigungen überwunden und die Grundlage für eine konstruktive Lösung im Kompromiss geschaffen werden.

Der heilsamen Wirkung von Worten kamen auch Richard Slatcher und James Pennebaker auf die Spur. Sie beobachteten, wie sich eine kurze und wenig aufwendige Intervention auf die Beziehungsqualität auswirkte. Dafür teilten sie die 86 Pärchen ihrer Studie nach dem Zufallsprinzip in zwei Gruppen. In der einen Gruppe wurde jeweils einer der Partner an drei aufeinanderfolgenden Tagen gebeten, für 20 Minuten über seine Gedanken und Gefühle in Bezug auf die Partnerschaft zu schreiben. In der zweiten Gruppe sollte einer der Partner auf gleiche Weise nicht über die Beziehung, sondern stattdessen den Alltag schreiben.

Welchen Effekt diese kurze, aber intensive Auseinandersetzung mit der Beziehung auf die Paare hatte, wurde über deren Kommunikation im Chat ermittelt. Paare, bei denen einer der Partner über die Beziehung reflektiert hatte, schrieben anschließend vermehrt über positive Emotionen. Das galt nicht nur für die Personen, die an dem Training teilnahmen, sondern auch für deren Partner, sodass also beide davon profitieren konnten. Hatte der männliche Partner an dem Training teilgenommen, dann wurde nicht nur vermehrt über positive, sondern auch über negative Emotionen geschrieben, die Paare ließen in diesem Fall also generell mehr Gefühle durchblicken.

Bei den Personen, die an den drei Tagen über ihren Alltag schrieben, war in den Chats nichts von wachsender Emotionalität erkennbar, insofern konnten sie auch nicht von der Folge dieser positiven Emotionen profitieren: Je mehr sich ein Paar in seinen Chats nämlich über positive Emotionen austauschte, desto stabiler war die Beziehung. Nach dem Studienende, drei Monate später, waren noch 77 Prozent der Personen zusammen, die über ihre Beziehung geschrieben haben. Von den Beziehungen, in denen über den Alltag geschrieben wurde, waren dagegen nur noch 52 Prozent intakt.

Dies zeigt, dass nicht das Schreiben per se, sondern die aktive Beschäftigung mit der Beziehung einen positiven Einfluss auf den Austausch zwischen den Partnern und damit auf die Beziehung hatte. Eine ähnlich positive Wirkung auf eine Beziehung erzielte Eli Finkel mit seinen Kollegen in einer Intervention, die lediglich 21 Minuten in Anspruch nahm. Auch hierbei ging es darum, sich schriftlich mit der Beziehung auseinanderzusetzen und so die Beziehungsqualität zu stärken.

Um das zu erreichen, wurden Paare gebeten, sich an ihre größte Meinungsverschiedenheit der letzten Monate zu erinnern. Einige dieser Paare wurden zusätzlich gebeten, diesen Konflikt erneut zu bewerten, und zwar dieses Mal aus der Perspektive eines Außenstehenden, der mit dem Konflikt nichts zu tun hat, aber das Beste für alle Beteiligten will. Auch sollten sich die Paare mit der Frage auseinandersetzen, was es ihnen erschwert, den Konflikt aus dieser neutralen Perspektive zu betrachten, und wie sich diese Hürden meistern lassen könnten.

Dieses Vorgehen wurde dreimal wiederholt und nahm jeweils sieben Minuten in Anspruch. Bereits diese kurze Zeit reichte aus, um eine Beziehung zu stärken. Während die Beziehungszufriedenheit nämlich im Laufe einer Partnerschaft normalerweise kontinuierlich sank, blieben die Personen davon verschont, die in den insgesamt 21 Minuten gelernt hatten, ihre Konflikte aus einer neutralen Perspektive zu betrachten. Zwar sank nicht unbedingt die Anzahl der Konflikte, aber die damit einhergehende Belastung für die Personen fiel deutlich geringer aus, sodass ihre Beziehungsqualität stabil gehalten werden konnte.

Die Perspektive zu wechseln, um einen Konflikt mit anderen Augen zu betrachten, funktioniert sowohl bei frischen wie auch jahrzehntelang verheirateten Paaren. Allerdings kann dieses Training nicht wettmachen, was die Zeit der Beziehung schon genommen hat. Deshalb sei allen Interessierten ans Herz gelegt, lieber jetzt als gleich damit zu beginnen. Denn besonders für frisch Verliebte, die auch in ferner Zukunft noch auf Wolke sieben schweben wollen, ist es eine ideale Möglichkeit, die Negativfolgen einer fortschreitenden Beziehungsdauer zu vermeiden.

**Vom Elfenbeinturm zum wirklichen Leben II:
Mit Worten Beziehungen retten**

Das, was wir sagen und wie wir es sagen, hat einen maßgeblichen Einfluss auf uns selbst und unsere Gesprächspartner. So kann schon ein «Wir» statt einem «Du» ein bedeutender Schritt hin zu einer konstruktiven, gemeinsamen Lösung eines Konfliktes sein. Auch seine Gedanken und Gefühle zu verschriftlichen und sich so aktiv mit der Beziehung auseinanderzusetzen, wirkt sich positiv auf einen selbst und auch den Partner aus. Das gilt übrigens nicht nur für Partnerschaften, sondern auch in anderen Lebensbereichen, denn auf diese Weise lässt sich auch die Gesundheit verbessern und die Leistung steigern.

Empfehlung zum Weiterlesen

Finkel, Eli J. / Slotter, Erica B. / Luchies, Laura B. / Walton, Gregory M. / Gross, James J.: «A brief intervention to promote conflict reappraisal preserves marital quality over time», in: *Psychological Science*, Bd. 24, 2013, S. 1595–1601.

Ireland, Molly E. et al.: «Language style matching predicts relationship initiation and stability», in: *Psychological Science*, Bd. 22, 2011, S. 39‒44.

Mehl, Matthias R. / Gosling, Samuel D. / Pennebaker, James W.: «Personality in its natural habitat: Manifestations and implicit folk theories of personality in daily life», in: *Journal of Personality and Social Psychology*, Bd. 90, 2006, S. 862–877.

Simmons, Rachel A. / Gordon, Peter C. / Chambless, Dianne L.: «Pronouns in marital interaction: What do ‹you› and ‹I› say about marital health?», in: *Psychological Science*, Bd. 16, 2005, S. 932–936.

Slatcher, Richard B. / Pennebaker, James W.: «How do I love thee? Let me count the words: The social effects of expressive writing», in: *Psychological Science*, Bd. 17, 2006, S. 660–664.

WIE DIE LIEBE UNSERE PERSÖNLICHKEIT FORMT

Die Persönlichkeit macht zusammen mit der körperlichen Hülle aus, wer wir sind, was wir machen, denken und fühlen. Dabei ist die Persönlichkeit eines Menschen nicht in Stein gemeißelt, sondern über die gesamte Lebensspanne mit Anpassungen beschäftigt, um sich verändernde Lebensaufgaben zu bewältigen. Eine wichtige Quelle für die Entwicklung der Persönlichkeit ist der oder die Lieblingsliebste. Denn unsere bessere Hälfte unterstützt uns dabei, unsere guten Seiten hervorzuheben und zu stärken. So kann auch eine schüchterne, von Selbstzweifeln getriebene Person zu neuem Selbstbewusstsein gelangen und sogar über die Dauer einer Beziehung hinaus eine andere Seite ihrer facettenreichen Persönlichkeit zeigen.

***

Die Persönlichkeit ist eine relativ verlässliche Angelegenheit. Gehören wir von Jugend an eher zur schüchternen Sorte Mensch, wird das im hohen Alter vermutlich noch genauso sein. Und auch eine überaus penible Person wird nicht von heute auf morgen zum Schludrian. Gleichzeitig ist ein menschliches Leben viel zu turbulent, als dass mit stoischer Gleichförmigkeit eine einmal geformte Persönlichkeit beibehalten werden könnte. Vielmehr hat das Leben zahlreiche neue Anforderungen parat, die Veränderungen in unserer Persönlichkeit anstoßen. Dazu gehört zum Beispiel, dass wir im jungen Erwachsenenalter gewissenhafter werden, unabhängig davon, ob wir im Vergleich zu unseren Mitmenschen eher zur Pingeligkeit oder zum Chaos neigen.

Wie unsere Persönlichkeit durch unsere Mitmenschen beeinflusst wird, untersuchte Franz Neyer zusammen mit Judith Lehnart. Sie befragten mehrere hundert junge Erwachsene über einen Zeitraum von acht Jahren zu ihrer Person und zu ihrem sozialen Netzwerk, das sowohl den Partner als auch Familienangehörige, Freunde und Kollegen umfasst. Über den Befragungszeitraum hinweg wurden die Personen gewissenhafter, emotional stabiler, verträglicher, und es erhöhte sich ihr Selbstwertgefühl bei gleichzeitiger Verminderung ihrer Schüchternheit.

Insgesamt spiegelt dies eine positive Entwicklung wider, hin zu einer reifen und an die Anforderungen des Lebens angepassten Persönlichkeit. Doch nicht nur in der eigenen Persönlichkeit machten sich Veränderungen bemerkbar, sondern auch die Beziehungen zu Familienangehörigen und Freunden veränderten sich. Im Allgemeinen wurden Kontakte zu Familienangehörigen, aber auch Freunden, während des jungen Erwachsenenalters seltener. Auch berichteten die Personen von deutlich weniger Konflikten mit ihrer Familie am Ende der Studie, verglichen mit der konfliktbehafteteren Zeit mit Anfang zwanzig.

Nicht bei allen Personen machten sich die gleichen Persönlichkeitsveränderungen bemerkbar. Während einige vor allem positive Veränderungen erlebten, war bei anderen das Gegenteil der Fall. Diese unterschiedlichen Entwicklungstrends standen in maßgeblichem Zusammenhang mit den gelebten Beziehungen. Personen, die sich gegenüber ihrer Familie oder gegenüber Freunden zunehmend unsicher fühlten, wurden beispielsweise gleichzeitig emotional instabiler, schüchterner und verloren an Selbstwertgefühl. Umgekehrt führte häufiger Kontakt mit Freunden zu einer Erhöhung der emotionalen Stabilität. Generell sind unsere sozialen Kontakte – nicht nur beschränkt auf Familie und Freunde – also von entscheidender Bedeutung für unsere Entwicklung. Speziell eine neue Partnerschaft kann vielfältige, anhaltende Persönlichkeitsveränderungen anstoßen.

Die Ergebnisse von Neyer und Lehnart zeigen, dass das Finden eines Partners nicht allein dem Zufall unterliegt. Beispielsweise haben gesellige Personen, im Vergleich zu in sich gekehrten Personen, eine dreimal so hohe Wahrscheinlichkeit, eine Beziehung einzugehen. Interessanterweise finden auch emotional instabile Personen eher einen Partner, obwohl es durchaus eine Herausforderung darstellt, mit ihnen eine glückliche Beziehung zu führen. Deshalb gehören sie im Allgemeinen nicht zur ersten Wahl bei der Partnersuche. Es liegt nahe, dass emotional instabile Personen aber besonders vehement die Geborgenheit einer Beziehung suchen und sie deshalb anscheinend letztendlich auch mit höherer Wahrscheinlichkeit finden.

Eine neue Partnerschaft hat in den meisten Fällen einen sehr positiven Einfluss auf die Persönlichkeit der Beteiligten. Durch diese Lebensveränderung werden die Personen emotional stabiler, weniger schüchtern und gewinnen an Selbstwertgefühl. Diese positiven Veränderungen hin zu einer selbstbewussteren und reiferen Persönlichkeit bleiben auch nach Auflösung einer Partnerschaft erhalten. Es scheint also vor allem die Erfahrung einer festen Beziehung zu sein, die eine dauerhafte positive Veränderung anstößt. Wie sich ein Partnerwechsel im Vergleich zu einer stabilen Beziehung auf die Persönlichkeit auswirkt, untersuchte Richard Robins zusammen mit Kollegen im Detail.

Dafür nutzten sie Daten einer großangelegten Längsschnittstudie mit allen Personen aus der neuseeländischen Stadt Dunedin, die zwischen April 1972 und März 1973 geboren wurden. Auch hier zeigte sich, dass die jungen Erwachsenen im Allgemeinen eine positive Entwicklung durchlebten. Sie nahmen ihr Leben zunehmend positiv wahr, und belastende Emotionen wie Ärger oder Angst ließen deutlich nach. Drei Viertel der Befragten hatten sowohl im Alter von 21 als auch im Alter von 26 Jahren einen Partner, wobei ein Großteil davon (nämlich zwei Drittel) bei der zweiten Befragung einen anderen Partner hatte als noch fünf Jahre zuvor.

Die Veränderungen in der Persönlichkeit wurden maßgeblich davon beeinflusst, ob die Personen in einer stabilen oder in einer neuen Partnerschaft lebten. Hielten die Personen ihre Beziehung aufrecht, wurden sie über die Zeit gehemmter in ihrer Persönlichkeit, das heißt, sie wurden vergleichsweise beherrscht und vorsichtig, orientierten sich streng an sozialen Regeln und vermieden Nervenkitzel. Personen mit einem neuen Partner waren deutlich zufriedener mit dieser neuen Beziehung als noch mit ihrer vorherigen und erlebten weniger Konflikte als noch fünf Jahre zuvor. Diese positive Entwicklung blieb Personen in einer stabilen Partnerschaft zwar vorenthalten, sie waren letztendlich aber dennoch immer noch zufriedener in ihrer Beziehung als die wechselhafteren Personen. Auch fand man, dass Personen, die schon bei der ersten Befragung in einer glücklicheren Beziehung lebten, das auch noch bei der zweiten Befragung taten, unabhängig davon, ob sie den Partner gewechselt hatten oder nicht.

Diese Ergebnisse legen nahe, dass wir selbst einen beträchtlichen Anteil daran haben, wie glücklich unsere Beziehungen sind. Entweder deshalb, weil wir mehr oder weniger gut in der Lage sind, einen passenden Partner zu finden, oder weil wir unsere Beziehungen mehr oder weniger wohlwollend bewerten. Besonders erfolgversprechend ist eine Beziehung dann, wenn die beteiligten Personen in mehreren Lebensbereichen zufrieden und eher zurückhaltend sind. Deutlich schwerer fällt es Personen, eine glückliche Beziehung aufzubauen, die generell viel Stress und Ablehnung erfahren. Trifft eine solche Person dann aber doch das Glück einer erfolgreichen Beziehung, färbt diese Erfahrung auch positiv auf ihre Persönlichkeit ab.

Vom Elfenbeinturm zum wirklichen Leben: Mit der Liebe reifen

Die Persönlichkeit ist relativ stabil, kommt aber auf lange Sicht dennoch nicht um kleinere Anpassungen herum. Diese Veränderungen werden von Erfahrungen wie einer festen Partnerschaft ausgelöst. Je glücklicher diese Partnerschaft ist, desto mehr profitiert die Persönlichkeit davon. Bei andauernder Unzufriedenheit kann dagegen eine Trennung, und im besten Fall eine neue Beziehung mit einem passenderen Partner, einen vielversprechenden Ausweg bieten. Denn auch das zeigen die Studien: Wir selbst sind zum Teil unseres Glückes Schmied und auch selbst dafür verantwortlich, uns zu einer freundlichen, pflichtbewussten und selbstsicheren Person zu entwickeln.

Auch in späteren Jahren, nach den ersten festen Partnerschaften, passt sich unsere Persönlichkeit noch an unsere Lebenssituationen an. Wie sich die Persönlichkeit durch Heirat und Trennung verändert, habe ich in einer Studie zusammen mit Boris Egloff und Stefan Schmukle untersucht. Dafür nutzten wir Informationen des Sozio-oekonomischen Panels. Bisher zweimal, im

Abstand von vier Jahren, gaben knapp 15 000 Befragte darüber Auskunft, wie sie ihre eigene Persönlichkeit einschätzen.

Zwischen der ersten und zweiten Befragung heirateten 664 dieser Personen und auch hier zeigte sich wieder, dass gesellige Personen, und emotional instabile Frauen mit höherer Wahrscheinlichkeit den Bund fürs Leben schlossen. Darüber hinaus stieß die Ehe eine Reihe von Veränderungen in der Persönlichkeit an. Die frisch Vermählten zeigten sich nach der Heirat weniger gesellig und weniger offen für neue Erfahrungen. Das ist durchaus an die neue Lebenssituation angepasst, da die meisten Personen mit der Hochzeit ihren Lebensmittelpunkt in eine feste Partnerschaft verlagern und dementsprechend Persönlichkeitsmerkmale, die bei der Partnersuche noch besonders relevant waren, nun weniger zentral werden. Weniger erfreulich ist die Beobachtung, dass nach der Hochzeit viele Partner deutlich weniger verträglich werden. Möglicherweise lässt sich das damit begründen, dass die Personen nicht mehr in gleichem Ausmaß ihre Schokoladenseite betonen müssen. Vielmehr haben sie die Liebe fürs Leben bereits von sich überzeugt und glauben eventuell, mehr oder weniger bewusst, nun auch ihre unfreundlicheren Seiten nicht mehr verstecken zu müssen.

Unsere Studie zeigt, dass sich auch ein Beziehungsende auf die Persönlichkeit auswirkt. Insgesamt 690 Personen trennten sich in dem beobachteten Zeitintervall von vier Jahren, und weitere 229 Personen ließen sich scheiden. Besonders prädestiniert für diesen Schritt sind Personen, die emotional instabil sind. Obwohl emotional instabile Personen also bevorzugt heiraten, sind sie auch besonders häufig in Beziehungsabbrüche involviert. Auch wenig verträgliche Personen trennten sich mit höherer Wahrscheinlichkeit von ihrem Partner. Durch die Trennung jedoch wurden sie, verglichen mit all denen, die sich in diesem

Zeitraum nicht von ihrem Partner trennten, wieder verträglicher und unterschieden sich danach in ihrer Umgänglichkeit nicht mehr von den anderen Befragten. Auch die Gewissenhaftigkeit erhöhte sich nach einem Beziehungsende, zumindest wenn es zur Scheidung kam. Eine mögliche Ursache dafür ist, dass die Sorge um den Lebensunterhalt schlicht dazu zwingt.

Dass Veränderungen in der Persönlichkeit vor allem im Auge des Betrachters liegen, verdeutlicht eine Studie von David Watson und John Humrichouse, die frisch verheiratete Paare kurz nach der Hochzeit und erneut nach den ersten beiden Ehejahren nach ihrer Persönlichkeit befragten. Ein Großteil der Befragten beobachtete bei sich selbst eine sehr positive Entwicklung hin zu einer höheren Gewissenhaftigkeit, emotionalen Stabilität und Verträglichkeit. Demgegenüber konnten ihre Partner keinerlei positive Veränderungen in der Persönlichkeit feststellen. Vielmehr waren sie der Auffassung, dass die Verträglichkeit, Gewissenhaftigkeit, Extraversion und Offenheit für Erfahrungen ihrer Partner während der ersten Ehejahre sogar rapide gesunken war. Watson und Humrichouse sprechen in diesem Zusammenhang vom *Honeymoon-Effekt*: Während der Flitterwochen wird der Partner positiv verzerrt wahrgenommen. Im Alltagstrott verfliegt diese Verzerrung dann jedoch schnell, sodass die Entwicklung des Partners keineswegs rosig wahrgenommen wird.

Diese wenig schmeichelhafte Einschätzung der Persönlichkeit des Partners wurde maßgeblich von der Beziehungszufriedenheit bestimmt, die im Laufe der ersten Ehejahre typischerweise sinkt. Die Zufriedenheit fiel vor allem dann hoch aus, wenn der oder die Lieblingsliebste sich selbst als besonders verträglich und emotional stabil einschätzte. Viel wichtiger für die eigene Zufriedenheit als das Selbstbild des Partners war jedoch die eigene Wahrnehmung. Nahm eine Person ihren Partner als besonders verträglich, emotional stabil, offen für Erfahrungen, extravertiert und gewissenhaft wahr, dann war sie auch deutlich zufriedener mit der Beziehung. Und je unglücklicher die Beziehung war, desto kritischer fiel auch die Einschätzung der Persönlichkeit des Partners aus. Das sich einstellende negative Bild vom Partner kann zahlreiche Ursachen haben. Vielleicht bietet der Alltag weniger Möglichkeiten, um dem Partner gegenüber auch seine besten Seiten zu zeigen, oder die Zufriedenheit zu Beginn der Ehe hat die Partner noch nachsichtiger sein lassen im Umgang mit den Macken des jeweils anderen. Nach zwei Ehejahren jedenfalls wurde die rosarote Brille in den meisten Fällen weggepackt und die wahre Persönlichkeit des Partners erkannt.

Vom Elfenbeinturm zum wirklichen Leben:
Reife ist Ansichtssache

Die Persönlichkeit wird durch zahlreiche Lebensereignisse verändert, die nicht nur auf das junge Erwachsenenalter beschränkt sind. Der erste Partner, Hochzeit und Trennung – diese einschneidenden Erfahrungen gehen mit Erwartungen und Herausforderungen einher, die unsere Persönlichkeit prägen. Inwiefern sich die Persönlichkeit dann tatsächlich verändert, kann von uns selbst ganz anders wahrgenommen werden als von den Menschen in unserer Umgebung. Um langfristig vor dem Partner eine gute Figur zu machen, hilft es deshalb, in die Beziehung zu investieren: Gemeinsame Aktivitäten, gegenseitiger Respekt und eine offene Kommunikation erhöhen nicht nur die Beziehungsqualität, sondern wirken sich sowohl positiv darauf aus, wie wir uns selbst sehen, als auch in welchem Licht uns der oder die Lieblingsliebste betrachtet.

Empfehlung zum Weiterlesen

Neyer, Franz J. / Lehnart, Judith: «Relationships matter in personality development: Evidence from an 8-year longitudinal study across young adulthood», in: *Journal of Personality*, Bd. 75, 2007, S. 535–568.

Robins, Richard W. / Caspi, Avshalom / Moffitt, Terrie E.: «It's not just who you're with, it's who you are: Personality and relationship experiences across multiple relationships», in: *Journal of Personality*, Bd. 70, 2002, S. 925–964.

Specht, Jule / Egloff, Boris / Schmukle, Stefan C.: «Stability and change of personality across the life course: The impact of age and major life events on mean-level and rank-order stability of the Big Five», in: *Journal of Personality and Social Psychology*, Bd. 101, 2011, S. 862–882.

Watson, David / Humrichouse, John: «Personality development in emerging adulthood: Integrating evidence from self-ratings and spouse ratings», in: *Journal of Personality and Social Psychology*, Bd. 91, 2006, S. 959–974.

DIE PILLE ALS SPIELVERDERBERIN

S eit den 1960er Jahren sind die meisten Frauen durchgehend schwanger. Zumindest pseudoschwanger. Denn seit der Einführung der Antibabypille befinden sich viele Frauen dauerhaft in einem hormonellen Zustand, der vergleichbar mit einer Schwangerschaft ist. Zu den zahlreichen Vorteilen der Pille zählt, dass sie auch davor schützt, sich Hals über Kopf in eine Liebschaft zu stürzen, die mit kühlem Kopf betrachtet nicht mehr so berauschend wirkt. Im Gegenzug wird durch die Pille erotisches Knistern in Monotonie eingetauscht, denn neben durchaus wünschenswerten Eigenschaften der Pille gerät eines häufig in Vergessenheit: der Reiz der fruchtbaren Frau.

* * *

Für Stripteasetänzerinnen ist die Empfehlung aus dem Elfenbeinturm in den Arbeitsalltag so einfach wie eindeutig: Setzt die Pille ab! So klar die Botschaft, so komplex die Begründung: Mit der Pille, einer der beliebtesten und zuverlässigsten Verhütungsmethoden, werden weibliche Sexualhormone geschluckt, die eine potenzielle Schwangerschaft verhüten, indem der Eisprung unterdrückt und so die Befruchtung und Einnistung der Eizelle verhindert wird. Der Körper geht nach diesem Hormoncocktail ähnlichen Aufgaben nach wie auch in einer Schwangerschaft und wird so gewissermaßen in eine Pseudo-Dauerschwangerschaft versetzt. Doch wie bei jedem Medikament sind mit der Einnahme der Pille auch unerwünschte Wirkungen verbunden, und ebendiese führen bei Stripteasetänzerinnen zu einem Verlustgeschäft. Zu diesem Ergebnis kommen jedenfalls Geoffrey Miller und seine Kollegen nach einer Untersuchung von Frauen, die sich in einem verruchten Club den Männern zum Tanz anboten.

Bei den Frauen handelte es sich um Profis im Lap Dance, die pro Schicht etwa fünf Stunden arbeiteten, vorzugsweise in den späten Abendstunden. Alle 90 Minuten zeigten sich die Tänzerinnen auf einer Bühne, um für sich zu werben, und gingen anschließend auf Männer zu, um sich zum Lap Dance für 10 Dollar pro dreiminütigem Song anzubieten. Auf diese Weise verdienten die Frauen etwa 250 Dollar pro Arbeitsschicht. Jedoch verdienten nicht alle Frauen gleichermaßen gut, und diejenigen, die auf die Einnahme der Pille verzichteten, machten bei der Arbeit ein deutlich besseres Geschäft als ihre hormonell verhütenden Kolleginnen.

Über einen Zeitraum von 60 Tagen gaben die 18 befragten Frauen, von denen sieben die Pille und elf keine hormonellen Verhütungsmittel nahmen, täglich Informationen über ihre Stimmung, ihre Arbeit und ihr Einkommen an. Die Frauen, die die Pille nahmen, verdienten über den Befragungszeitraum hinweg an allen Tagen ähnlich viel Geld, mit etwas geringerem Einkommen während der Tage ihrer Menstruation. Frauen mit einem natürlichen Zyklus verdienten an ihren nicht fruchtbaren Tagen vergleichbar viel Geld wie ihre hormonell verhütenden Kolleginnen. An ihren fruchtbaren Tagen jedoch explodierte ihr Einkommen. Plötzlich verdienten sie über 350 Dollar in einer Schicht und erzielten damit im Vergleich zu den pillennutzenden Konkurrentinnen, die von diesem Fruchtbarkeitshoch nicht profitieren konnten, ein um mehr als 180 Prozent höheres Einkommen.

Da sich das Gehalt aus der Anzahl der Lap Dances ergab, kann somit auf einen sehr deutlichen Zusammenhang zwischen dem hormonellen Zustand der Tänzerinnen und dem Eindruck, den sie auf die Männer machten, geschlossen werden. Dieser große Effekt der Pille ist besonders erstaunlich, da alle Frauen bei ihrer Arbeit mit Hochleistung aufwarteten, um ihr Einkommen zu sichern. Und trotz dieses ohnehin ambitionierten Engagements wurden einige von ihnen vom eigenen Hormonlevel noch weiter befeuert. Interessanterweise war den Tänzerinnen dies nicht bewusst, und dennoch strahlten sie an ihren fruchtbaren Tagen für die männlichen Kunden anscheinend etwas aus, das diese deutlich spendabler werden ließ.

Auch über das Striptease-Gewerbe hinaus haben diese Befunde Konsequenzen, denn natürlich stellt sich die Frage, worauf genau die erstaunlichen Mehreinnahmen der Tänzerinnen zurückzuführen sind. Mehrere Studien haben sich mittlerweile mit dem Zusammenhang zwischen dem Menstruationszyklus und Eigenschaften von Frauen und ihrer Wirkung auf Männer befasst. Dabei zeigte sich, dass die Fruchtbarkeit, bei regelmäßigem Zyklus, meist zwischen dem 9. und 15. Tag besonders hoch ist. Allerdings ist die Möglichkeit einer Vereinigung von Ei- und Samenzelle mit einem halben Tag vergleichsweise kurz. Da die männlichen Spermien im Körper der Frau aber über mehrere Tage hinweg geduldig auf ihren Einsatz warten können, erstreckt sich der Zeitraum einer möglichen Befruchtung auf etwa drei Tage. Genau diese Tage sind für Männer mit evolutionär eingespeichertem, unbedingtem Fortpflanzungswillen zentral.

Bei den Pavianen machen die Weibchen mit einem leuchtend roten Hintern und damit unmissverständlicher Vehemenz auf ihre Fruchtbarkeit aufmerksam. Ganz so plakativ funktioniert das beim Menschen nicht, dennoch nehmen auch Männer subtile Zeichen der Fruchtbarkeit wahr, die ihre Paarungsbereitschaft erhöhen. Beispielsweise zeigte sich in mehreren Studien, dass Frauen während ihrer fruchtbaren Tage attraktiver auf Männer wirken. Die Fruchtbarkeit wirkt sich unter anderem auf die Attraktivität ihres Gesichts und ihres Körperbaus aus. Außerdem ziehen sich Frauen an ihren fruchtbaren Tagen aufreizender an, was weder den Männern noch den Konkurrentinnen verborgen bleibt. Auf dem Höhepunkt der Fruchtbarkeit steigt außerdem das Risiko für einen Seitensprung vonseiten der Frau beträchtlich, was bei den potenziell betroffenen Partnern typischerweise zu besonderer Wachsamkeit in diesen Tagen führt.

Vom Elfenbeinturm zum wirklichen Leben: Der Reiz der fruchtbaren Frau

Die Fruchtbarkeit der Frau ist zwar ein nach außen verstecktes Phänomen, beeinflusst aber subtil den weiblichen Körper und das Verhalten von Frauen. Die Hormone bewirken an diesen Tagen selbst in hochsexualisierten Bereichen wie dem professionellen Lap Dance gesteigertes erotisches Knistern. Frauen, die mit dem Hormoncocktail «Pille» ihre fruchtbaren Tage eintauschen gegen die Sicherheit von Sex ohne Schwangerschaft, profitieren von diesem Attraktivitätskick nicht. Für manche Frauen mag das belanglos sein, Frauen auf Partnersuche (die aus Gründen des gesundheitlichen Schutzes ohnehin meist zusätzlich Kondome nutzen und damit vor einer Schwangerschaft geschützt sind) oder in Lebenssituationen, in denen es auf Attraktivität ankommt, sollten sich überlegen, ob sie diese «Nebenwirkung» in Kauf nehmen möchten.

Die Fruchtbarkeit der Frau sendet keine bewusst wahrnehmbaren Signale aus, sondern wählt versteckte Wege. Dazu gehört auch ein verführerischer Duft, der von einem weiblichen Körper kurz vor dem Eisprung ausgeht. Zu diesem Ergebnis kamen Saul Miller und Jon Maner. Sie baten junge Frauen, während ihrer fruchtbaren Phase drei Nächte lang dasselbe T-Shirt zu tragen und in ihrer nicht fruchtbaren Phase ebenfalls für drei Nächte ein anderes Shirt zu benutzen. Um den natürlichen Duft nicht zu überlagern, durften sich die Frauen in diesen Tagen nur mit parfümfreier Seife waschen, mussten neben Deo und Parfüm auch auf Zigaretten und Alkohol verzichten und bestimmte Nahrungsmittel (Chili, Knoblauch, Essig, Spargel) meiden. Zusätzlich durften sie an diesen Tagen nicht sexuell aktiv sein und das Bett mit keiner weiteren Person teilen. Immerhin elf Frauen, von denen keine hormonell verhütete, erklärten sich zu diesen Einschränkungen bereit.

Kurz nachdem die Frauen ihre «Duftshirts» abgegeben hatten, bekamen 68 junge Männer die Gelegenheit, für drei tiefe Atemzüge an den T-Shirts zu riechen. Anschließend wurde den Männern eine Liste mit unvollständigen Wörtern vorgelegt, die sie ergänzen sollten. Diese Wörter waren jedoch mehrdeutig (zum Beispiel «s_x») und ließen sich entweder zu einem neutralen Wort («six») oder zu einem mit sexueller Bedeutung («sex») vervollständigen.

Männer, die an einem T-Shirt gerochen hatten, das während der fruchtbaren Phase getragen wurde, vervollständigten diese Liste zu deutlich mehr sexuellen Wörtern als Männer, die an einem T-Shirt aus der nicht fruchtbaren Phase gerochen hatten. Das legt nahe, dass die Männer bereits durch den Duft in sexuelle Bereitschaft übergingen und dementsprechend sexuelle Worte besonders präsent hatten. In einer weiteren, ähnlichen Studie gaben vier Frauen nicht nur eine T-Shirt-Duftprobe ab, sondern zusätzlich auch an, wie hoch ihr sexuelles Verlangen war, um damit zu testen, ob Männer dieses erhöhte Verlangen erriechen können.

Zumindest die Duft-sensiblen Männer interpretierten in die Duftproben von den fruchtbaren Tagen eine höhere sexuelle Erregung der Frauen als in die von wenig fruchtbaren Tagen. Tatsächlich gingen diese Tage bei den Frauen mit größeren sexuellen Begehrlichkeiten einher, die allerdings von den Männern deutlich überschätzt wurden. Die Fruchtbarkeit sendet ihre Signale also im Verborgenen aus, und diese scheinen von den Männern wahrgenommen zu werden. Selbst ohne die Frauen zu sehen, waren sie gedanklich mehr auf Sex ausgerichtet und unterstellten den Frauen ein höheres sexuelles Verlangen.

Und was geht in der Zyklusmitte in den Frauen vor, die statt der Pille das monatliche Fruchtbarkeitshoch favorisieren? Dieser Frage gingen Kristina Durante und ihre Kollegen nach und zeigten, dass es manchmal gar nicht schlecht ist, hormonelle Höhen und Tiefen zu vermeiden. Sie konfrontierten junge Frauen mit einem Foto und einer kurzen Beschreibung von zwei Männern. Einer dieser Männer sah sehr attraktiv aus und wurde als dominant, abenteuerlustig und charismatisch charakterisiert. Der andere Mann sah lediglich durchschnittlich attraktiv aus und wurde als verlässlicher, fleißiger Buchhalter beschrieben.

Die Frauen konnten sich beim zuverlässigen Buchhalter gut vorstellen, dass dieser einen maßgeblichen Anteil an elterlichen Verpflichtungen übernehmen würde. Bei dem attraktiven Mann schwankten sie jedoch: An ihren nicht fruchtbaren Tagen trauten sie dem Beau eine maßgebliche Unterstützung in der Rolle des Vaters nicht zu. An den fruchtbaren Tagen schätzten sie seine Beteiligungsbereitschaft gegenüber familiären Verpflichtungen jedoch extrem hoch ein. Warum dieser Sinneswandel? Zumindest scheint er sich nur bezogen auf die eigene Person einzustellen. Das legt eine weitere Studie von Durante und Kollegen nahe, bei der Frauen mit Männern per Video kommunizierten. Auch in diesem Fall unterstellten die Frauen während ihrer fruchtbaren Tage dem aufregenden *bad boy* eine maßgebliche familiäre Unterstützung und waren an ihren unfruchtbaren Tagen deutlich abgeklärter. Wurden sie jedoch danach befragt, inwiefern dieser Mann seiner Rolle als Familienvater bei einer anderen Frau nachkommen würde, dann behielten die Frauen auch an ihren fruchtbaren Tagen ihre Abgeklärtheit bei und vertrauten seiner Zuverlässigkeit wenig. Die Schönfärberei bezog sich also nicht auf die väterlichen Qualitäten im Allgemeinen, sondern war nur dann wirksam, wenn es um sie selbst als dazugehörige Partnerin ging.

Doch warum führen hormonelle Veränderungen dazu, einen potenziellen *bad boy* als Traumprinzen erscheinen zu lassen? Eine mögliche Erklärung dafür liefert die Evolutionspsychologie: Der ideale Partner ist für viele Frauen jemand, der sowohl dominant und erfolgreich ist, als auch seine Rolle als hingebungsvoller Familienvater und treuer Partner erfüllt. Solche Männer sind rar, und tauchen sie doch mal auf, dann sind sie schnell vergriffen. Deshalb ist es durchaus plausibel, dass sich Frauen an diesen Mangel anpassen und einen zuverlässigen und liebevollen Mann als langfristigen Partner favorisieren, eignet er sich doch hervorragend als guter Versorger. Wenn die Fruchtbarkeit aber ihren Höhepunkt erreicht, zählt vor allem gutes genetisches Material, das die Damen eher bei großen, maskulinen und dominanten Männern erwarten.

Die Hoffnung, alles unter einen Hut zu bekommen, führt bei den Frauen möglicherweise dazu, dass sie sich an ihren fruchtbaren Tagen dem *bad boy* zugeneigt fühlen. Der Kopf bügelt dann aus, was das Herz vorgibt: Fühlen wir uns zu jemandem hingezogen, der uns eigentlich nicht wie ein vielversprechender Partner vorkommen sollte, dann wird seine mangelnde Fürsorglichkeit und Zuverlässigkeit eben unbewusst beschönigt. Die Krux dabei: Der Schein trügt, und ist das kurze Abenteuer vorüber, wird die Frau mit großer Wahrscheinlichkeit doch nicht «die Eine» bleiben, die von einer plötzlichen Wandlung des Herzensbrechers profitiert.

Somit lässt sich das – auf den ersten Blick – irrationale, plötzliche Knistern zwischen ihm und ihr doch noch plausibel begründen: Die Natur gibt vor, dass ungeschützter Sex eine 3-Prozent-Chance darauf hat, in eine Schwangerschaft zu münden. Dementsprechend geht ein Intermezzo mit 97-prozentiger Wahrscheinlichkeit ohne familienerweiternde Konsequenzen einher und steht an den allermeisten Tagen also ausschließlich dem Spaß zur Verfügung. Dem Fortbestehen der Spezies kann man sich dagegen nur an vergleichsweise wenigen Tagen erfolgreich widmen. Und weil die Natur mal wieder mitgedacht zu haben scheint, haben sich Männer wie Frauen an diesen Fakt angepasst: Männer, indem sie, mit Fruchtbarkeit konfrontiert, vermehrt einem sexuell gefärbten Denken und Verhalten anheimfallen. Frauen, indem sie noch dem durchtriebensten Playboy mit mutmaßlich guten Genen hehre Gentleman-Absichten unterstellen.

Vom Elfenbeinturm zum wirklichen Leben: Chancen und Risiken ohne Pille

Die Implikationen für den Alltag sind vielfältig: Um als Single-Frau auf Männer attraktiver zu wirken und mehr Spaß und Erfolg beim Flirten zu haben, empfiehlt es sich, auf die Pille zu verzichten. Jedoch ist Vorsicht bei den eigenen Fähigkeiten zur Partnerwahl angeraten. Männer sollten gegenüber ihrer Lieblingsliebsten wohl eher die Vorteile der Pille hervorheben, um bei ihr das Risiko für die Lust auf einen Seitensprung zu vermindern. Wenn diese Strategie scheitert, sei es während der fruchtbaren Tage ausnahmsweise gestattet, die Macho-Facetten weniger zu unterdrücken. Dann heißt es Brust raus, Schultern zurück und vor Selbstbewusstsein strotzen, um dem temporären Bedürfnis der Partnerin nach betonter Männlichkeit zu genügen. Für ein effizientes Timing empfiehlt sich übrigens eine der zahlreichen kostenfreien Apps zum Zyklusstand der Lieblingsliebsten.

Männer auf der Suche nach einem kurzfristigen Intermezzo können sich von ihrem Instinkt treiben lassen, um auf besonders freizügige Frauen zu treffen (quasi einfach immer der Nase nach). Hier ist jedoch Vorsicht angeraten: Eine Frau, mit der sich dieser Zwischendurchspaß teilen lässt, befindet sich mit höherer Wahrscheinlichkeit in einer fruchtbaren Phase (deshalb wirkt sie so attraktiv und lässt sich eher auf diese Spielerei ein). Aus familienplanerischen und gesundheitsbewussten Überlegungen heraus wäre in diesem Fall ein Kondom deshalb ein umso sinnvollerer Begleiter.

Empfehlung zum Weiterlesen

Durante, Kristina M. / Griskevicius, Vladas / Simpson, Jeffry A. / Cantú, Stephanie M. / Li, Norman P.: «Ovulation leads women to perceive sexy cads as good dads», in: *Journal of Personality and Social Psychology*, Bd. 103, 2012, S. 292–305.

Miller, Geoffrey | Tybur, Joshua M. | Jordan, Brent D.: «Ovulatory cycle effects on tip earnings by lap dancers: economic evidence for human estrus?», in: *Evolution and Human Behavior*, Bd. 28, 2007, S. 375–381.

Miller, Saul L. | Maner, Jon K.: «Ovulation as a male mating prime: Subtle signs of women's fertility influence men's mating cognition and behavior», in: *Journal of Personality and Social Psychology*, Bd. 100, 2011, S. 295–308.

INTIMITÄT SCHLÄGT LEIDENSCHAFT

Neue Liebe, neues Glück: Zu Beginn einer Beziehung brodelt sie wieder, die Leidenschaft. Dann flattern die Schmetterlinge im Bauch, als gäb's kein Morgen, die Gedanken verharren unaufhörlich bei dem oder der Lieblingsliebsten, und stets und ständig werden Zärtlichkeiten ausgetauscht. Wenn sich der anfängliche Gefühlsüberschwang allmählich legt und man dem vertrauten «wir» entgegengleitet, macht sich jedoch klammheimlich auch die Leidenschaft davon. Was bleibt übrig von der Liebe, wenn die Begierde nachlässt? Die Intimität hat gute Chancen, auch über längere Zeit erhalten zu bleiben, und erlebt diese im Laufe der Beziehung einen Aufschwung, blüht auch die Leidenschaft wieder auf. Bei Langeweile und ähnlichen Herausforderungen lohnt es sich deshalb, das Beziehungsglück aktiv in die Hand zu nehmen, um noch einmal neue Seiten aneinander kennenzulernen und der Liebe so etwas vom Anfangsglück zurückzugeben: das leidenschaftliche Unbekannte.

* * *

Drei Zutaten braucht sie, die zufriedene langfristige Beziehung. So nimmt es zumindest Robert Sternberg in seiner Dreieckstheorie der Liebe an: Intimität, Leidenschaft und Commitment zeichnen seinen Untersuchungen zufolge eine vollständige Liebe aus. Und obwohl es nicht immer einfach ist, dieses Ziel der vollständigen Liebe zu erreichen, besteht die eigentliche Herausforderung darin, diese Liebe, sofern erst einmal erlangt, zu halten. Denn Stabilität in der Liebe wird dadurch erschwert, dass sich Intimität, Leidenschaft und Commitment im Laufe einer Beziehung gegenläufig verändern.

Die Intimität wächst besonders zu Beginn einer Beziehung. Zu dieser Zeit steigt das Gefühl der Nähe und Verbundenheit. Die Partner lernen einander kennen und schätzen und erleben die Wechselseitigkeit ihrer Zuneigung. Dieses gegenseitige Interesse, Wohlwollen und Verständnis ermöglicht die emotionale Unterstützung in Partnerschaften. Die Intimität ist deshalb ein zentraler Bestandteil in langfristigen Beziehungen. Dies gilt insbesondere für Männer, die Intimität hauptsächlich mit ihrer Partnerin teilen, während Frauen typischerweise auch außerhalb ihrer Partnerschaft intime Freundschaften pflegen. Im Laufe einer Beziehung mindert sich die Unsicherheit, die Partner können einander besser einschätzen, und die Intimität bleibt auf einem stabilen und hohen Niveau erhalten.

Die Leidenschaft ist deutlich unbeständiger. Sie basiert hauptsächlich auf körperlicher Anziehung, nährt sich aus sexuellen Handlungen und gilt gemeinhin als wenig kontrollierbar. Dadurch, dass sie sich meist unmittelbar zu Beginn einer Beziehung aufbaut, trägt sie stark zum Bindungsaufbau bei und ist deshalb bereits in kurzfristigen Beziehungen von Bedeutung. Dem stürmischen Auflodern folgt jedoch auch rasch eine Abkühlung. Die Leidenschaft wirkt dann wie eine Droge, an deren positive Wirkung sich der Körper gewöhnt hat und die erst beim Entzug wieder spürbar wird.

Das Commitment umfasst den rationalen Aspekt der Liebe, nämlich das Gefühl der Verpflichtung gegenüber dem Partner. Anfangs entwickelt es sich im Vergleich zu Intimität und Leidenschaft verzögert, dann beschleunigt es stark und führt zu einer Entscheidung für oder gegen die Partnerschaft. Später spiegelt es sich im beständigen Bekennen zu einer Beziehung wider. Dieser sehr kontrollierte Aspekt der Liebe ist jedoch nur in langfristigen Partnerschaften relevant, in denen Loyalität und Zuverlässigkeit ein maßgeblicher Bestandteil der Beziehung ist. Sie schützt während der unvermeidlichen Höhen und Tiefen des Beziehungsalltags vor einem vorzeitigen Beziehungsabbruch.

Auch wenn für eine glückliche Liebe eine hohe Dosis Intimität, Leidenschaft und Commitment hilfreich ist, ist die vollkommene Form der Liebe nicht der Regelfall. Vielmehr wächst die Liebe meist erst aus einem Verliebtsein heraus, das hauptsächlich durch Leidenschaft geprägt ist. Später kann sich daraus die romantische Liebe entwickeln, wenn sich die Partner vertraut geworden sind, also ihre Intimität hoch ist. Stürmischer geht es bei der verblendeten Liebe zu, die mit viel Leidenschaft schnell zu hohem Commitment, beispielsweise einer Hochzeit, führt, ohne vorher Intimität aufzubauen. Nach zahlreichen Ehejahren sinkt häufig die Leidenschaft, und eine kameradschaftliche Liebe aus Intimität und Commitment hat sich etabliert. Im weniger idealen Fall basiert die Beziehung dann nur noch auf Commitment, einer sogenannten leeren Liebe.

In einer erfolgreichen Beziehung passen die Bedürfnisse einer Person mit den tatsächlichen Gegebenheiten zusammen. So kann eine lose oder offene Beziehung erfüllend für alle Beteiligten sein, während andere zum Beziehungsglück viel räumliche Nähe und gemeinsame Zeit benötigen. Außerdem bestimmen nicht nur die eigenen Gefühle, wie zufrieden eine Person mit ihrer Beziehung ist. In gleichem Ausmaß ist wichtig, wie positiv die vom Partner entgegengebrachten Gefühle wahrgenommen werden. Deshalb ist es wesentlich, dem Partner auch im Alltag seine Liebe zu zeigen.

Ein Gefühl von Intimität kann beispielsweise ausgedrückt werden, indem persönliche Gedanken geteilt werden oder dem Partner Interesse entgegengebracht wird, wenn dieser sich öffnet. Dabei ist Behutsamkeit geboten, denn aus einer hohen Intimität resultiert auch eine erhöhte emotionale Abhängigkeit und Verletzlichkeit. Kritik durch den Partner kann nicht mehr durch mangelndes gegenseitiges Kennen gerechtfertigt werden, sondern basiert auf fundiertem Wissen über das Denken und Handeln des jeweils anderen und wird deshalb besonders ernst genommen.

Die verspürte Leidenschaft kann dem Partner über den Austausch von Zärtlichkeiten vermittelt werden. So können physiologische Erregung und das Bedürfnis nach Nähe befriedigt werden und in Euphorie münden. Gelingt dies nicht, kann sich die emotionale Erregung in ebenso starken, aber negativen Gefühlen äußern wie Leere, Angst und Verzweiflung.

Commitment kann gezeigt werden, indem der Partner öffentlich zu der Beziehung steht, sei es über schlichtes Händchenhalten, den gemeinsamen Besuch von Veranstaltungen in der Öffentlichkeit oder im Freundeskreis oder über die Eheschließung. Nichtsdestoweniger wird selbst bei vorbildlichem Beziehungsverhalten die Leidenschaft mit der Zeit abflachen. Dies resultiert fast zwangsläufig aus der hohen Intimität, die eine weitere Festigung der Bindung durch leidenschaftlichen Sex nicht mehr benötigt. Diese Stagnation in Intimität und Leidenschaft stellt eines der größten Hindernisse für die Aufrechterhaltung von Beziehungen dar.

Vom Elfenbeinturm zum wirklichen Leben: Intimität bremst Leidenschaft

Schlägt die Leidenschaft zu, dann spielt so mancher Körper verrückt und nicht nur er, auch die Gedanken scheinen rosarote Flügel zu bekommen. Und Sex: bitte sofort und immer mehr davon. Die Leidenschaft genügt sich selbst und benötigt weder eine feste Beziehung noch Vertrauen. Sie lebt von der Ungewissheit, der Aufregung und dem Unbekannten. Kein Wunder also, dass in vielen langfristigen Beziehungen der anfangs noch hemmungslose Sex nachlässt und die Beziehung zur kameradschaftlichen Liebe wird.

Leidenschaft kann jedoch erhalten werden, indem die Beziehung mit Neuem gefüttert wird. Das kann ein neues gemeinsames Hobby sein, eine gemeinsame Reise oder andere aufregende gemeinsame Erlebnisse, wie der Umzug in eine neue Stadt oder eine große Investition. Durch solche neuen Erfahrungen lernen sich Paare in neuen Situationen kennen und wecken wieder die Anfangsgefühle des Verliebtseins. Schwindet die Leidenschaft, hilft also Mut und Tatendrang, um das Leben (zumindest in Teilen) umzukrempeln und so das Glücksgefühl wieder jubilieren zu lassen.

Das Abenteuer *neue Liebe* ist spätestens dann kein Abenteuer mehr, wenn die Zweisamkeit gefestigt, vertraut und sicher ist, *neu* also bereits veraltet ist. Die Leidenschaft, die anfangs noch das Miteinander bestimmt hat, schwächt sich mit der Dauer der Beziehung ab, insbesondere bei Frauen. Damit einhergehend vermindert sich auch die Häufigkeit von Sex in den ersten Beziehungsjahren rapide, um sich dann auf einem stabilen, aber wenig aktiven Niveau einzupendeln. Dies ist nicht nur eine reine

Alterserscheinung, denn auch ältere Menschen haben in neuen Beziehungen wieder häufiger Sex.

Die Leidenschaft verhält sich, so beschreiben es Roy Baumeister und Ellen Bratslavsky, wie die erste Ableitung der Intimität – das bedeutet: Wenn zwei Personen nach und nach miteinander vertraut werden, was typischerweise zu Beginn einer Beziehung der Fall ist, dann brodelt die Leidenschaft. Verändert sich die Intimität wenig, wie typischerweise in bereits sehr intimen, langjährigen Beziehungen, dann kocht die Leidenschaft nur noch auf Sparflamme. Damit befinden sich Partner in einer Zwickmühle: Einerseits wünschen sie sich häufig ein hohes Maß an Vertrautheit und fördern dadurch einen schnellen Anstieg der Intimität, bedrohen andererseits so aber den Weiterbestand ihrer Leidenschaft. Denn wenn die Intimität schnell auf ein hohes Niveau ansteigt, wird sie bald auf einem stabilen Niveau verharren, und wo keine Dynamik mehr im Spiel ist, wird auch der zündende Funke ausbleiben.

Menschen unterscheiden sich darin, wie sie mit diesem Dilemma umgehen. Extravertierte Personen verhalten sich gegenüber anderen Menschen beispielsweise aufgeschlossen und erreichen deshalb schneller ein höheres Maß an Intimität. Sie wirken auf andere attraktiver und finden leichter einen Partner, sind im Allgemeinen leidenschaftlicher und haben bereits zu einem früheren Zeitpunkt und außerdem häufiger Sex. Allerdings flauen die Beziehungen von Extravertierten schneller ab, was zu wiederholten Trennungen und damit einem unbeständigen Liebesleben führt.

Wie alltägliche Höhen und Tiefen in Intimität und Leidenschaft im Zusammenhang stehen, untersuchten Harris Rubin und Lorne Campbell in einer Tagebuchstudie. Über drei Wochen hinweg gaben insgesamt 67 heterosexuelle Paare täglich Auskunft über ihre Beziehung. In diesem Zeitraum hatten sie durchschnittlich sechsmal Sex. Das war insbesondere an den Tagen der Fall, an denen sie eine gesteigerte Intimität empfanden, also offener in ihrer Beziehung waren und sich dem Partner näher und zugeneigter fühlten.

Rubin und Campbell zeigten, dass sich selbst kleine Intimitätsveränderungen deutlich auf die Leidenschaft auswirken: Stieg die Intimität an, dann fühlten sich die Personen glücklicher und leidenschaftlicher. Damit stieg auch die Wahrscheinlichkeit, Sex zu haben und ihn als besonders befriedigend zu erleben. Interessanterweise führte aber nicht nur der selbst wahrgenommene Anstieg der Intimität zu mehr Leidenschaft und Sex, sondern auch eine nur vom Partner erlebte Veränderung. Dem allmählichen Verlust ihrer Leidenschaft müssen sich Paare also nicht tatenlos ausliefern, sondern können ihm durch Steigerungen und Veränderungen ihrer Intimität entgegenwirken.

Die Intimität noch nach vielen Jahren zu steigern, ist jedoch keine triviale Angelegenheit. Manche Menschen schaffen es dennoch, der Zeit ein Schnippchen zu schlagen, und sind selbst nach Jahrzehnten des zweisamen Glücks noch so wild aufeinander wie andere nur am ersten Tag. Diese Beobachtung machte Daniel O'Leary zusammen mit Kollegen: Von Personen, die mehr als 30 Jahre verheiratet waren, liebte mehr als jede dritte den Partner noch abgöttisch. Das klingt schon deutlich optimistischer als frühere Studien, die Liebe, Leidenschaft und Sex in langjährigen Beziehungen eher eine Außenseiterrolle zuschrieben. Noch 1965 stellten beispielsweise John Cuber und Peggy Harroff fest, dass nur jede fünfte Ehe aufgrund von Zuneigung länger als zehn Jahre Bestand hatte. In allen anderen langjährigen Ehen seien dagegen praktische Überlegungen ausschlaggebend.

O'Leary konnte in seiner Studie bestätigen, dass frisch Ver-

liebte mehr Liebe für ihren Partner empfanden als lang Gebundene. Glücklicherweise endet dieser Abwärtstrend nach der ersten
Beziehungsdekade und bleibt danach im Durchschnitt stabil. Die
Ergebnisse legen nahe, dass, möchte man die Liebe wieder entfachen, Sex eine wirkungsvolle Maßnahme darstellt. Alternativ
können auch andere Formen der Zuneigung, wie Umarmungen
oder Küsse, die Verbundenheit befeuern. Fehlt jedoch jeglicher
Körperkontakt, tut sich die Liebe schwer.

Vom Elfenbeinturm zum wirklichen Leben:
Leidenschaft trotz Intimität

Droht die Emotionsmonotonie zuzuschlagen, können
kleinere alltägliche Intimitätsanstiege helfen, dies zu verhindern. Dafür eignet sich auch, entgegen der Intuition,
ein alltäglicher Konflikt, der direkt ausgetragen (anstatt
ignoriert und verschwiegen) erst für Unmut sorgt und
das Intimitätsgefühl senkt. Steht am Ende aber die Ver-
söhnung, die das Intimitätsgefühl wieder ansteigen lässt,
wird auch die Leidenschaft wieder geweckt. Fehlt es an
Gelegenheit, das eigene Intimitätsgefühl zu erhöhen, hilft
es schon, dieses beim Partner zu verstärken. Geben wir der
oder dem Lieblingsliebsten nämlich ein verstärktes Gefühl
von Geborgenheit (indem wir beispielsweise Persönliches
mit ihm teilen oder uns Zeit für ihn nehmen), hat das auch
positive Konsequenzen für unsere eigene Leidenschaft.

Empfehlung zum Weiterlesen

Baumeister, Roy F. / Bratslavsky, Ellen: «Passion, intimacy, and time: Passionate love as a function of change in intimacy», in: *Personality and Social Psychology Review*, Bd. 3, 1999, S. 49–67.

O'Leary, K. Daniel / Acevedo, Bianca P. / Aron, Arthur / Huddy, Leonie / Mashek, Debra: «Is long-term love more than a rare phenomenon? If so, what are its correlates?», in: *Social Psychological and Personality Science*, Bd. 3, 2012, S. 241–249.

Rubin, Harris / Campbell, Lorne: «Day-to-day changes in intimacy predict heightened relationship passion, sexual occurrence, and sexual satisfaction: A dyadic diary analysis», in: *Social Psychological and Personality Science*, Bd. 3, 2012, S. 224–231.

Sternberg, Robert J.: «A triangular theory of love», in: *Psychological Review*, Bd. 93, 1986, S. 119–135.

DER SEITENSPRUNG INS FREMDE BETT

Den Herren der Schöpfung wird häufiger notorische Untreue unterstellt als ihren Partnerinnen. Das zeigt sich beispielsweise in zahlreichen Sexskandalen männlicher Prominenz, wohingegen weibliche Eskapaden dieser Art weniger oft an die Öffentlichkeit gelangen. Der Schein trügt hier jedoch, denn Frauen sind ebenso anfällig für sexuelle Ausschweifungen wie Männer. Die Ursache für solche Fauxpas liegt nicht etwa in der Entfremdung vom Partner, sondern in der Selbstsicherheit. Je höher diese ausgeprägt ist, desto höher ist auch das Risiko einer Affäre. Zum Glück lässt sich dieses Risiko mindern, jedoch ist Vorsicht angeraten: Denn sind die Bemühungen allzu ambitioniert, schlagen sie ins Gegenteil um und gefährden die Partnerschaft sogar umso mehr.

* * *

Gebundene Männer sind anfälliger für Verführungen als gebundene Frauen – heißt es oft. Dass das nicht ganz so simpel ist, zeigte Joris Lammers zusammen mit Kollegen. Sie führen ein höheres Risiko zur Untreue nicht auf das Geschlecht, sondern den Erfolg einer Person zurück. Zu diesem Schluss kamen sie nach der Befragung von über 1000 Lesern der Business-Zeitschrift *Intermediair*. Die befragten Männer und Frauen lebten alle in einer festen Beziehung; etwa ein Viertel von ihnen gab zu, bereits mindestens einmal ihren Partner betrogen zu haben.

Den Beobachtungen von Lammers und seinen Kollegen zufolge gehen vor allem erfolgreiche Menschen fremd, unabhängig davon, ob es sich dabei um einen erfolgreichen Mann oder eine erfolgreiche Frau handelt. Mehrere Gründe dafür sind plausibel: Zum einen könnte der Zusammenhang dadurch entstehen, dass sich erfolgreiche Menschen so sehr in ihre Arbeit stürzen, dass sie sich von ihrem Partner entfremden. Zum anderen trauen sich erfolgreiche Menschen möglicherweise eher, das Risiko des Fremdgehens einzugehen. Gerade auf Geschäftsreisen, dem Schlaraffenland des Fremdgehens, meinen sie eventuell, unentdeckt fremde Betten testen zu können. Oder sie lieben allgemein das Risiko, was ihnen im Beruf Erfolg und in der Partnerschaft einen Seitensprung einbringt. Obwohl sehr naheliegend, lassen die Ergebnisse von Lammers und Kollegen vermuten, dass keiner dieser Gründe ursächlich für das erhöhte Fremdgehrisiko ist.

Erfolgreiche Personen sind vielmehr deshalb eher untreu, weil sie selbstsicherer sind. Sie sind überzeugter von ihrem Aussehen, ihrem Charme und ihrer Verführungskunst und verhalten sich dementsprechend: Sie halten beispielsweise direkten Blickkontakt und haben eine angemessene Körperspannung. Das wiederum macht sowohl Eindruck auf Frauen wie auf Männer und erhöht so die Chance auf eine Liebelei, die einige dann auch flugs ergreifen. Umgekehrt bedeutet dies auch, dass der nicht erfolgreiche Mensch nicht deshalb eher treu ist, weil er mehr Zeit in seine Partnerschaft investiert, sondern weil er schlichtweg zu wenig Selbstsicherheit für eine weitere Liebschaft mitbringt.

Die Evolutionspsychologie betont stets, dass es sich seit grauer Vorzeit für einen Mann empfiehlt, möglichst viele Frauen zu erobern. So kann er seine Gene breit streuen und viele niedliche Kinder zeugen, um deren weitere Entwicklung sich dann selbstverständlich die Frau bemüht. Die Frau ist, aus evolutionspsychologischer Perspektive betrachtet, dagegen monogam hingebungsvoll. Schließlich ist sie darauf angewiesen, vom eigentlich flatterhaften Mann unterstützt zu werden, und muss ihn dementsprechend gütig stimmen. In der heutigen Zeit erstreckt sich der Horizont der modernen Frau glücklicherweise über Kinder, Küche und Kirche hinaus, und damit war's das auch schon mit monogam hingebungsvoll.

Spinnt man die evolutionspsychologische Argumentation weiter, müsste sich die Paarungsstrategie des Mannes zukünftig auch von Frauen anwenden lassen. Das heißt, dass es sich auch für eine Frau rentieren würde, Kinder von mehreren Männern zu haben. Sofern sie dadurch nicht mittellos wird (zum Beispiel durch eine eigene Karriere oder einen hilfsbereiten Freundeskreis), könnte sie ihre Gene auf diese Weise weitergeben, ohne sich an einen einzigen Partner zu binden, dessen genetische Ausstattung sich vielleicht später als ungünstig entpuppt (was sich beispielsweise erst im höheren Alter zu erkennen gibt).

Solche Gedankenspiele zur Optimierung des Nachwuchses vernachlässigen selbstverständlich die emotionale Komponente der Untreue. Und diese wiegt schwer, ist eine Affäre doch weiterhin der Hauptgrund (oder zumindest Hauptauslöser) für eine Trennung. Um zu rechtfertigen, warum sie sich dennoch auf Affären einlassen, führen Fremdgehende sowohl sexuelle Gründe an, wie ein Bedürfnis nach sexueller Abwechslung oder mangelnde sexuelle Übereinstimmung mit dem Partner, als auch emotionale Gründe, wie eine geringe Zufriedenheit in der Beziehung oder die Suche nach Selbstbestätigung. Weitere Ursachen sind schlichtweg die Gelegenheit zum ausgelassenen Flirt, eine generell sehr liberale sexuelle Einstellung oder auch Untreue als Revanche für negatives Verhalten des Partners.

Nachträglich mögen diese Erklärungen das eigene Verhalten

oder das des Partners zum Teil nachvollziehbar machen. Um Untreue, bevor sie eintritt, vorherzusagen, eignet sich aber das Investitionsmodell von Stephen Drigotas und Kollegen besser, das annimmt, dass Untreue vor allem aufgrund von mangelndem Commitment entsteht. Wenig Commitment wird empfunden, wenn eine Person mit der Partnerschaft unzufrieden ist, alternative Partner als sehr vielversprechend empfindet und wenig in die Beziehung investiert hat. In diesem Fall sinken die Ambitionen, eine Partnerschaft aufrechtzuerhalten und kurzfristigen Gelüsten, wie einem Seitensprung, zu widerstehen.

In einer längsschnittlichen Befragung von 74 heterosexuellen Studierenden überprüften Drigotas und Kollegen diese Annahme. Zu Beginn der Studie befanden sich alle Befragten in einer Partnerschaft. Zwei Monate später, bei der zweiten Befragung, war dies nur noch bei 59 der Personen der Fall. In der Zwischenzeit waren immerhin 72 Prozent der Befragten mit einer anderen Person als ihrem Partner emotional intim und 48 Prozent sogar körperlich intim geworden. Das meint nicht unbedingt Sex, aber auch bloße Knutscherei hat durchaus das Potenzial für hochemotionale Beziehungskonflikte.

Studierende mit hohem Commitment waren deutlich zufriedener mit ihrer Beziehung, investierten deutlich mehr in sie und nahmen alternative Partner als deutlich weniger attraktiv wahr. Auch war das Risiko für diese Personen bedeutend geringer, sich in den zwei Monaten der Studie untreu zu verhalten, und dies betraf sowohl emotionale als auch körperliche Intimitäten mit anderen. Infolgedessen war auch das Risiko für eine Trennung bei den Personen mit hohem Commitment deutlich vermindert. Übrigens: Physische Untreue führte interessanterweise nicht zu einem höheren Risiko, verlassen zu werden, sondern eher dazu, dass die fremdgehende Person die Beziehung von sich aus beendete.

Vom Elfenbeinturm zum wirklichen Leben:
Die Untreue als Symptom

Männer und Frauen sind gleichermaßen anfällig für Seitensprünge, wenn sie sich in ähnlichen Situationen befinden. Ist das Commitment in eine Beziehung gering und bietet sich die Möglichkeit für eine neue sexuelle Erfahrung, dann halten sich Männer wie Frauen nur bedingt zurück, sei es aufgrund eines tief verwurzelten Triebs, die eigenen Gene breit zu streuen, oder aus der Laune heraus, die akute Lust auszukosten. Dabei scheint die Untreue in vielen Fällen eher ein Symptom einer unglücklichen Beziehung zu sein als der Vorläufer einer Beziehungskrise.

Menschen unterscheiden sich darin, wie viel oder wenig sie in Beziehungen investieren, ein Verhalten, das von ihrem Bindungsstil abhängt. Dieser wird bereits im frühen Kindesalter durch die Erfahrungen mit der primären Bezugsperson (meist der Mutter) geprägt. Die idealen Voraussetzungen für eine Partnerschaft mit hohem Commitment bringen Personen mit einem sicheren Bindungsstil mit. Personen mit einem ängstlichen Bindungsstil sind dagegen von einer starken Ambivalenz gezeichnet, da sie sowohl besonders intensive Nähe suchen, aber auch um jeden Preis Ablehnung durch den Partner vermeiden wollen und sich deshalb häufig in sich zurückziehen. Personen mit dem dritten, dem vermeidenden Bindungsstil, fühlen sich sehr unwohl bei allzu großer Nähe und Intimität. Auch ist bei ihnen Sexualität nicht mit emotionaler Nähe verknüpft, weshalb sie unverbindliche Techtelmechtel favorisieren. Nathan DeWall und Kollegen fanden, dass sich dies negativ auf feste Partnerschaften auswirkt.

In zahlreichen Studien zeigen die Wissenschaftler, dass Personen mit einem vermeidenden Bindungsstil ihre Aufmerksamkeit stärker auf attraktive Personen des anderen Geschlechts lenken und häufiger Ausschau nach alternativen potenziellen Partnern halten. Sie haben auch eine positivere Einstellung gegenüber Seitensprüngen und lassen sich vermehrt auf Intimitäten außerhalb ihrer Partnerschaft ein, was vor allem ihrem mangelnden Commitment in die Beziehung geschuldet ist. Die Ergebnisse der Studien legen jedoch nahe, dass dieses Verhalten nicht bewusst geschieht, um dem Partner zu schaden. Vielmehr scheint bei diesen Menschen ein Schutzmechanismus zu fehlen, der typischerweise verhindert, dass die sexuelle Nähe zu häufig wechselnden Personen ersehnt wird.

Ein Verlangen nach sexueller Abwechslung zu empfinden und diesem tatsächlich nachzugehen sind jedoch zwei Paar Schuhe. Das heißt, nicht jede Person mit unsicherem Bindungsstil ist ein notorischer Fremdgänger, denn unsere exekutive Kontrolle hält uns davon ab, jeder Verführung unmittelbar nachzugeben. Sie sorgt beispielsweise dafür, unser Essverhalten zu kontrollieren, wenn wir auf Diät sind, oder auch dafür, unseren Ärger zurückzuhalten, wenn wir provoziert werden. Dass dies auch für die Leidenschaft gilt, fanden Tila Pronk und Kollegen heraus.

Dafür zeigten sie 21 heterosexuellen, gebundenen Männern nacheinander einzelne Buchstaben auf einem Bildschirm. Die Aufgabe der Versuchspersonen bestand darin anzugeben, ob der jeweils erscheinende Buchstabe identisch mit dem vorletzten gezeigten Buchstaben war oder nicht. Gelingt diese Aufgabe gut, spricht dies für eine hohe exekutive Kontrolle. Nachdem die Männer die Aufgabe abgeschlossen hatten, wurden sie gebeten, einen Moment zu warten. Wie zufällig gesellte sich eine junge hübsche Mitarbeiterin des Forscherteams dazu und begann ein zehnminütiges Gespräch, das ohne Wissen der Männer per Video aufgenommen wurde.

Bei der späteren Auswertung zeigte sich, dass die Männer, denen die Aufgabe weniger gut gelungen war, deren exekutive Kontrolle also vergleichsweise schlecht funktionierte, deutlich mehr mit der attraktiven Frau flirteten als Männer mit besser funktionierender exekutiver Kontrolle. Auch gaben Personen mit einer vergleichsweise schlechten exekutiven Kontrolle an, dass es ihnen besonders schwerfällt, treu zu bleiben. Personen unterscheiden sich also darin, wie gut sie ihr unmittelbares Verlangen nach einem Flirt unterdrücken können.

Leider lässt sich die exekutive Kontrolle nicht erzwingen. Was passiert, wenn allzu nachdrücklich versucht wird, den Partner von sexuellen Verführungen fernzuhalten, wird durch eine weitere Studie von Nathan DeWall und Kollegen deutlich. Sie konnten zeigen, dass auch im Hinblick auf die Liebe gilt, dass verbotene Früchte besonders verlockend sind. In ihrer Studie zeigten sie Personen Fotos von unterschiedlich attraktiven Personen des anderen Geschlechts. Wurde die Aufmerksamkeit von den Fotos der attraktiven hin zu denen der weniger attraktiven Personen gelenkt, nahmen die Versuchspersonen die attraktiven abgebildeten Personen umso besser wahr. Schlimmer noch, sie gaben dadurch auch eine geringere Beziehungszufriedenheit, ein geringeres Commitment und eine positivere Einstellung gegenüber Seitensprüngen an.

Wird der oder die Lieblingsliebste also instruiert, seine Augen von der schönen Konkurrenz zu lassen, hat dies möglicherweise genau den gegenteiligen Effekt: Anstatt den Appetit zu hemmen, wird das Interesse an der attraktiven Alternative erst recht geweckt. Wenn allerdings der oder die Lieblingsliebste anderen potenziellen Partnern aus freien Stücken keine Beachtung schenkt, dann wirkt sich das langfristig sehr wohl positiv auf die Beziehung aus. Maßgeblich ist hierbei also, ob wir uns selbst beschränken oder von anderen dazu bewogen werden, unsere Aufmerksamkeit auf andere Dinge zu richten.

Vom Elfenbeinturm zum wirklichen Leben: die Untreue verhindern

Personen neigen mehr oder weniger stark dazu, untreu zu werden. Während sicher gebundene Personen wenig risikobehaftet sind, weil sie sich auf eine Beziehung vollständig einlassen, reagieren vermeidend gebundene Personen negativ auf zu viel emotionale Nähe. Dadurch sind Schutzmechanismen, die übermäßiges Interesse am anderen Geschlecht hemmen, weniger aktiv. Hilfreich für eine dennoch monogame Beziehung ist eine gut funktionierende exekutive Kontrolle. Diese sichert, dass trotz auftretenden Interesses an anderen potenziellen Partnern, der oder dem Lieblingsliebsten der Vorzug gegeben wird, zumindest sofern das Kontrollzentrum ungestört arbeiten kann und nicht vom Alkohol umnebelt wird, der jede Hemmschwelle einbrechen lassen kann. Zaubert eine Situation in einem solchen Fall ein attraktives Exemplar des bevorzugten Geschlechts hervor, macht die Gelegenheit auf vielversprechenden Sex, insbesondere bei mangelndem Commitment, schnell Diebe. Denn für eine unglückliche Beziehung auf einen euphorischen Höhepunkt zu verzichten, stellt eine allzu anspruchsvolle Aufgabe für das beschwipste Kontrollzentrum dar.

Empfehlung zum Weiterlesen

DeWall, C. Nathan et al.: «So far away from one's partner, yet so close to romantic alternatives: Avoidant attachment, interest in alternatives, and infidelity», in: *Journal of Personality and Social Psychology*, Bd. 101, 2011, S. 1302–1316.

DeWall, C. Nathan/Maner, Jon K./Deckman, Timothy/Rouby, D. Aaron: «Forbidden fruit: Inattention to attractive alternatives provokes implicit relationship reactance», in: *Journal of Personality and Social Psychology*, Bd. 100, 2011, S. 621–629.

Drigotas, Stephen M./Safstrom, C. Annette/Gentilia, Tiffany: «An investment model prediction of dating infidelity», in: *Journal of Personality and Social Psychology*, Bd. 77, 1999, S. 509–524.

Lammers, Joris et al.: «Power increases infidelity among men and women», in: *Psychological Science*, Bd. 22, 2011, S. 1191–1197.

Pronk, Tila M./Karremans, Johan C./Wigboldus, Daniël H. J.: «How can you resist? Executive control helps romantically involved individuals to stay faithful», in: *Journal of Personality and Social Psychology*, Bd. 100, 2011, S. 827–837.

LIEBST DU DICH?

Wie anziehend fänden wir uns selbst als Partner oder Partnerin? Zu schmächtig oder zu wohlgenährt? Die Nase zu lang, das Kinn zu breit oder die Brauen zu buschig? Oder würden wir uns die kleineren oder größeren Abweichungen vom Idealbild nachsichtig verzeihen? Das altbekannte Sprichwort «Gleich und gleich gesellt sich gern» suggeriert, dass wir einen Partner suchen, der uns ähnlich ist, während ein ebenso bekanntes Sprichwort umgekehrt feststellt: «Gegensätze ziehen sich an.» Tatsächlich scheint vor allem Ersteres zu gelten und wir eine gewisse Ähnlichkeit anderer Personen mit uns selbst attraktiv zu finden. Das wiederum setzt in gewissem Maße auch voraus, dass wir mit uns selbst im Großen und Ganzen zufrieden sind.

***

Narziss, eine tragische Figur aus der griechischen Mythologie, war so von seiner Selbstliebe erfüllt, dass er sich in sein eigenes Spiegelbild verliebte. Und diese Liebe endete tödlich: Folgt man einer von mehreren Überlieferungen, ließen ihn sein Verlangen nach seinem sich im Wasser spiegelnden Selbst und sein Wunsch, sich mit ihm zu vereinen, hilflos ertrinken. Nun ist die Selbstliebe meist nicht ganz so unersättlich und von derart desaströser Wirkung, immerhin aber sagt eine Lebensweisheit, dass man erst dann einen anderen Menschen lieben kann, wenn man sich selbst liebt. Aber wie anziehend finden wir uns selbst? Und wie wirkt sich das auf unsere Beziehungen aus?

In welcher Hinsicht wir einen uns äußerlich ähnlichen Partner suchen, lässt sich aus zwei Perspektiven, der Westermarck-Perspektive zum einen und der Freud'schen Perspektive zum anderen, betrachten. Edvard Westermarck, ein finnischer Soziologe, ging davon aus, dass wir, als Schutz vor Inzest und damit erheblichen Erbkrankheiten, Partner intuitiv vermeiden, die uns genetisch sehr ähnlich sind. Diese Vermeidung geht laut Westermarck auf einen Schutzmechanismus zurück, der sich von Generation zu Generation entwickelt hat, um zu verhindern, dass wir uns von Menschen, mit denen wir aufgewachsen sind, sexuell angezogen fühlen. Und da wir meist mit unseren engsten Verwandten aufwachsen, würde so automatisch inzestuöses Verhalten verhindert.

Freud dagegen war der Auffassung, dass die starke gesellschaftliche Tabuisierung von Inzest dafür spricht, dass unsere Triebe uns ohne ein Tabu dazu bringen würden, Inzest zu betreiben. Naturgemäß würden wir uns zu potenziellen Partnern hingezogen fühlen, die uns ähnlich sind, die wir bereits gut kennen und mit denen wir wichtige Erlebnisse teilen. Da es nach Freud keinen inneren Schutzmechanismus gibt, der uns vor Inzest schützt, ist gesellschaftlicher Druck aufgebaut worden, um genetisch allzu ähnliche Verbindungen zu vermeiden.

Inwiefern wir uns tatsächlich zu Partnern hingezogen fühlen, die uns sehr ähnlich sind, untersuchten Chris Fraley und Michael Marks. Sie ließen sich von ihren Testpersonen unter einem Vorwand eine Familienfotografie übergeben und baten sie später in einem scheinbar unabhängigen Experiment darum, Highschool-Fotos von ihnen unbekannten Personen hinsichtlich deren sexueller Attraktivität zu bewerten. Kurz bevor sie diese Fotos zu sehen bekamen, wurde einigen Teilnehmern der Studie für wenige Millisekunden ein Foto des gegengeschlechtlichen Elternteils gezeigt. Frauen sahen dementsprechend ihren Vater und Männer ihre Mutter, jedoch so kurz, dass sie das Gesehene nicht bewusst wahrnehmen konnten.

Es zeigte sich, dass Teilnehmer die Unbekannten auf den Highschool-Fotos sexuell deutlich anziehender fanden, wenn sie zuvor das Foto ihres Elternteils unbewusst wahrgenommen hatten. Eine Beobachtung, die eher dafür spricht, dass Menschen Partner suchen, die ihnen genetisch ähnlich sind. In einem weiteren Experiment konnten Fraley und Marks dieses Ergebnis bestätigen. Sie zeigten den Teilnehmern Fotos von gemorphten Gesichtern, bei denen ein Foto einer unbekannten Person mit einem Foto des Teilnehmers selbst optisch ineinandergefügt wurde. Sahen Personen gemorphte Fotos, in denen ihr Bild enthalten war, fanden sie diese bedeutend attraktiver als gemorphte Bilder von zwei unbekannten Personen. Auch hier zeigte sich also wieder die Homogamie, die Anziehung zu Personen, die einem selbst ähnlich sind.

Wenn sich, wie die Studien zeigten, Menschen eher zu ähnlichen Personen hingezogen fühlen, müssten sie auch dazu tendieren, sich genetisch ähnliche Partner zu suchen. In einer dritten Studie allerdings fanden Fraley und Marks, dass die sexuelle Anziehung rapide sank, sobald Probanden wussten, dass es sich bei den Fotos um gemorphte Bilder ihres eigenen Fotos handeln könnte. Der Gefahr vor übergroßer Ähnlichkeit bei Paaren scheint also entgegengewirkt zu werden, indem genetische Überähnlichkeit tabuisiert wird.

Die beschriebene Form der Selbstliebe scheint sich jedoch nicht nur auf potenzielle Partner, also das andere Geschlecht, zu beziehen: Lisa DeBruine zeigte Testpersonen jeweils zwei gemorphte Fotos gleichzeitig und bat sie anzugeben, welche der beiden abgebildeten Personen sie attraktiver finden. Sie bezog sich dabei nicht auf die sexuelle Attraktivität, sondern gutes Aussehen im Allgemeinen. Wieder fanden die Befragten die Personen attraktiver, bei denen ihr eigenes Foto beim Morphing berücksichtigt wurde. Dies galt sowohl für Männer als auch für Frauen und sowohl für männliche als auch für weibliche gemorphte Gesichter.

Der Effekt war besonders ausgeprägt, wenn das gemorphte weibliche Gesicht von einer Frau beziehungsweise das gemorphte männliche Gesicht von einem Mann bewertet wurde. Das heißt: Frauen finden ihnen ähnliche Frauen attraktiv und Männer ihnen ähnliche Männer. Die Ähnlichkeit zu Personen des anderen Geschlechts hingegen beeinflusst nicht die Wahrnehmung der Attraktivität der Person im Allgemeinen, sondern eher das Empfinden der sexuellen Anziehung.

Die vorgestellten Studien legen allesamt nahe, dass wir Menschen bevorzugen, die uns ähnlich sehen. Darüber hinaus werden wir im Laufe einer Beziehung unserem Partner oder unserer Partnerin immer ähnlicher. Das betrifft nicht nur die Entwicklung oft belächelter ähnlicher Verhaltensweisen und Eigenarten, sondern sogar unser Aussehen, wie Robert Zajonc und Kollegen in einer Studie feststellten. In ihrer Untersuchung legten sie einer Gruppe von Studierenden Fotos lang verheirateter Paare vor: einmal vom Zeitpunkt der Hochzeit und einmal etwa 25 Ehejahre später. Die Testpersonen hatten die Aufgabe, dem Foto eines Ehepartners aus einer Reihe von sechs anderen, zeitgleich entstandenen Einzelaufnahmen diejenige zuzuordnen, bei der sie die größte Ähnlichkeit erkannten und bei der sie sich am ehesten vorstellen konnten, dass es sich dabei um den Partner dieser Person handelte.

Dabei stellte sich heraus, dass die Paare anhand der aktuellen Fotos deutlich besser zusammengebracht wurden, als das bei Vorlage der alten Aufnahmen vom Zeitpunkt der Eheschließung der Fall war. Das heißt, die Paare sind sich im Verlauf von 25 Jahren des Zusammenlebens äußerlich deutlich ähnlicher geworden, und dies galt insbesondere für die Paare, die in einer glücklichen Beziehung lebten.

Eine über die Zeit wachsende Ähnlichkeit von Paaren wird häufig auf gemeinsame Ernährungsgewohnheiten zurückgeführt. Je nachdem, wie gesund und reichhaltig Paare ihre Mahlzeiten gestalten, wirkt sich das auf die Statur beider Partner aus. Dies kann aber die Ähnlichkeit von Gesichtern nur unzureichend erklären. Zajonc und Kollegen nehmen stattdessen an, dass in einer glücklichen Beziehung, in der Freud und Leid geteilt werden, die Partner eine ähnliche Mimik zeigen. Nach der Theorie der emotionalen Efferenz führt die gewohnheitsmäßige Betätigung der immer gleichen Gesichtsmuskeln zu langfristigen Veränderungen in körperlichen Merkmalen. Tauschen sich Paare über die Jahre also kontinuierlich viel aus, ähnelt sich auch ihre Mimik, und so wird ganz allmählich auch ihr Aussehen immer ähnlicher.

**Vom Elfenbeinturm zum wirklichen Leben:
äußerliche Ähnlichkeit**

Für das wirkliche Leben lässt sich aus solchen Befunden schlussfolgern, dass wir uns selbst tatsächlich ganz gern als Partner sähen. Auch die «zufällige» Ähnlichkeit des neuen Partners zu Vater oder Mutter ist deshalb möglicherweise doch nicht so zufällig wie vermutet. Zumindest scheint es eher ein gesellschaftliches Tabu als ein automatischer Schutzmechanismus zu sein, der uns vor genetisch allzu ähnlichen Partnern bewahrt. Kann eine genetische Überähnlichkeit jedoch ausgeschlossen werden, ist eine äußerliche Ähnlichkeit womöglich sogar ein Indiz für eine erfolgreiche Beziehung. Denn in einer engen, stabilen Beziehung steigert das gemeinsame Erleben von Höhen und Tiefen nicht nur die Beziehungsqualität, sondern führt auch zu einer weiteren Annäherung im Aussehen.

Sich zu ähnlich aussehenden Personen hingezogen zu fühlen bedarf eines Mindestmaßes an Zufriedenheit mit sich selbst. Könnten wir uns selbst nicht ausstehen, würden wir uns keinen Partner suchen, der uns ähnelt. Dass Personen sich aber gerade von ähnlich aussehenden Personen angezogen fühlen, spricht für ein im Grundsatz positives Selbstbild. Allerdings unterscheiden sich Personen maßgeblich darin, wie stark sie sich selbst wertschätzen. Um zu beleuchten, inwiefern sich die *Liebe zu sich selbst* auf die *Liebe zu anderen* auswirkt, untersuchten Keith Campbell und Kollegen zwei Seiten der Selbstzufriedenheit: das Selbstwertgefühl und den Narzissmus. Personen mit einem hohen Selbstwertgefühl sind zufrieden mit sich selbst und schätzen ihre eigenen Fähigkeiten und Leistungen als wertvoll ein, während Personen mit einem niedrigen Selbstwertgefühl starke Selbstzweifel haben und sich häufig nutzlos fühlen.

Ein hohes Selbstwertgefühl geht mit einer Vielzahl wünschenswerter Eigenschaften wie Gesundheit und Wohlbefinden einher und erweist sich auch in Beziehungen als förderlich. Sich selbst wertschätzende Menschen sind zufriedener mit ihrem Körper, selbstbewusster, weniger ängstlich und damit auch erfolgreicher bei der Partnersuche. Es fällt ihnen leicht, sich anderen Personen zu öffnen und ihnen Vertrauen zu schenken. Außerdem gehen sie gelassener mit Beziehungskonflikten um und leiden weniger oft und weniger stark unter Liebeskummer. Ihnen gelingt es deshalb in mehrfacher Hinsicht mühelos, eine Partnerschaft einzugehen und aufrechtzuerhalten.

Ganz anders wirkt der Narzissmus. Diese nach dem eingangs beschriebenen selbstverliebten jungen Mann aus der griechischen Mythologie benannte Persönlichkeitseigenschaft, die von übermäßiger Selbstherrlichkeit gekennzeichnet ist, stammt ursprünglich aus der Klinischen Psychologie. Dort wird Narzissmus als eine Persönlichkeitsstörung aufgefasst, von der etwa ein Prozent der Bevölkerung betroffen ist. Doch auch gesunde Menschen können ausgeprägte narzisstische Züge aufweisen: Sie sind in diesem Fall übermäßig überzeugt von sich, überschätzen ihre Intelligenz, Leistung, Attraktivität und allgemeine Wichtigkeit, sind sehr selbstbezogen, wenig empathisch und stehen gern im Zentrum der Aufmerksamkeit. In Beziehungen will der typische Narzisst überlegen sein, ist manipulativ und vermeidet Intimität.

Campbell und Kollegen fanden in ihren Studien heraus, dass narzisstische Personen Abhängigkeiten in Partnerschaften vermeiden, um ihr Bedürfnis nach Autonomie zu befriedigen. Sie fühlen sich ihrem Partner dadurch weniger verpflichtet, wobei sie sich ohnehin ungern auf einen Partner festlegen, da sie, um ihr Verlangen nach Macht zu stillen, immer auf der Suche nach attraktiven Partnern und sexuellen Abenteuern bleiben. Die Ergebnisse von Campbell und Kollegen deuten darauf hin, dass etwa ein Viertel der narzisstischen Personen untreu ist, während das bei wenig narzisstischen Personen nur etwa auf jeden Zwanzigsten zutrifft.

Durch ihre selbstbewusste, charmante und unterhaltsame Art fällt es narzisstischen Personen anfangs leicht, andere für sich zu begeistern und eine leidenschaftliche Affäre einzugehen. Erst mit der Zeit wird ersichtlich, dass mangelnde Intimität und Fürsorge die Beziehungsqualität stark einschränken und es den narzisstischen Personen erschweren, stabile Beziehungen zu führen.

Vom Elfenbeinturm zum wirklichen Leben: die eigene Wertschätzung

Menschen sehnen sich nach Ähnlichkeit. Sie suchen Partner, die ihnen ähnlich sehen, und gleichen sich mit der Zeit äußerlich sogar noch weiter an. Das trifft besonders auf zufriedene Partnerschaften zu, in denen Gefühle geteilt werden. Eine wichtige Voraussetzung für diese Empathie ist wiederum ein adäquates Selbstwertgefühl bei beiden Partnern. Sich selbst zu gefallen kann deshalb durchaus als Voraussetzung für eine erfolgreiche Beziehung gelten. Ein stark ausgeprägtes Selbstwertgefühl geht dagegen gehäuft mit dem Bedürfnis nach Überlegenheit einher, und damit offenbart sich die Kehrseite der Medaille: Zwar wirken sogenannte Narzissten anfangs charmant und scheinen deshalb auf den ersten Blick wie attraktive Partner, aber langfristig ist eine glückliche Beziehung mit solchen Menschen wenig vielversprechend, da sie dazu neigen, ihre Partner zur Erhöhung ihres eigenen Selbstwertgefühls zu instrumentalisieren.

Empfehlung zum Weiterlesen

Campbell, W. Keith / Foster, Craig A. / Finkel, Eli J.: «Does self-love lead to love for others? A story of narcissistic game playing», in: *Journal of Personality and Social Psychology*, Bd. 83, 2002, S. 340–354.

DeBruine, Lisa M.: «Facial resemblance increases the attractiveness of same-sex faces more than other-sex faces», in: *Proceedings of the Royal Society of London B: Biological Sciences*, Bd. 271, 2004, S. 2085–2090.

Fraley, R. Chris / Marks, Michael J.: «Westermarck, Freud, and the incest taboo: Does familial resemblance activate sexual attraction?», in: *Personality and Social Psychology Bulletin*, Bd. 36, 2010, S. 1202–1212.

Zajonc, Robert B. / Adelmann, Pamela K. / Murphy, Sheila T. / Niedenthal, Paula M.: «Convergence in the physical appearance of spouses», in: *Motivation and Emotion*, Bd. 11, 1987, S. 335–346.

SEX MACHT GESUND

Wir brauchen mehr Sex. Denn Sex kann nicht nur glücklich, sondern auch gesund machen. So lautet zumindest das Fazit einer Studie, die endlich Schluss machen möchte mit dem sorgenvollen «was da alles passieren kann ...». Zwar gehen Schätzungen davon aus, dass etwa 30 Prozent der Kosten des US-amerikanischen Gesundheitswesens durch Behandlungen entstehen, die mit Sex zusammenhängen, doch deshalb auf Sex zu verzichten (zum Beispiel vor der Ehe) kann genauso gut als Risiko angesehen werden, verringern sich dadurch doch die Chancen auf psychisches und physisches Wohlbefinden und sogar ein längeres Leben. Denn aus wissenschaftlicher Sicht überwiegen beim (geschützten) Sex die Vorteile für Leib und Wohl.

* * *

Denken Sie doch bitte für einen Moment an Sex! – Den meisten Lesern kommen nach einer solchen Aufforderung hoffentlich zahlreiche euphorische Gedanken an die Lieblingsliebste, den zukünftigen Traumprinzen oder eine verruchte Zufallsbekanntschaft. Einem forschenden Psychologen werden dagegen eher Krankheiten, ungeplante Schwangerschaften sowie missbräuchliche Übergriffe in den Sinn kommen. Tatsächlich liegt bisher der Fokus der meisten wissenschaftlichen Untersuchungen auf den möglichen Gefahren, die mit Sexualität einhergehen können. Eine erfreuliche Ausnahme von dieser einseitigen Betrachtung bildet ein Überblicksartikel von Lisa Diamond und David Huebner, die sich darin den zahlreichen positiven Seiten von Sex widmen.

Dass regelmäßiger Sex mit einer besseren Gesundheit einhergeht, ergaben auch Untersuchungen von Stacy Tessler Lindau und Natalia Gavrilova. Sie werteten in ihrer Studie Informationen von über 6000 Personen aus. Um eine möglichst repräsentative Stichprobe zu erhalten, wurden zufällig generierte Telefonnummern gewählt und die so ausgesuchten Personen befragt – ein Vorgehen, das verallgemeinerbare und damit besonders aussagekräftige Analysen ermöglicht. Die Ergebnisse dieser Telefoninterviews ergaben, dass das gesundheitliche Befinden von Männern und Frauen weitgehend ähnlich ist und mit steigendem Alter bei beiden Geschlechtern erwartungsgemäß schlechter wird.

Es gibt jedoch einen großen Unterschied im sexuellen Verhalten bei den älteren Personen: Männer sind dieser Studie entsprechend häufiger verheiratet, während Frauen häufiger verwitwet sind. Dies führt dazu, dass Frauen mit steigendem Alter weniger sexuell aktiv sind. Von den Personen, die sexuell aktiv sind, sind etwa zwei Drittel zufrieden mit ihrem Sexleben, wobei Frauen mit zunehmendem Alter eher unzufriedener damit werden und sich außerdem immer weniger dafür interessieren. Sexuell aktiv sind generell vor allem die gesunden Menschen. Betrachtet man nur diese sexuell Aktiven, so haben gesündere Männer (aber nicht Frauen) mehr Sex, und sowohl gesündere Männer als auch gesündere Frauen zeigten mehr Interesse am und Zufriedenheit mit dem Sex.

Diese Zufallsbefragung liefert zwar prinzipiell aussagekräftige Informationen, kann allerdings nicht eindeutig beantworten, ob guter Sex die Ursache für eine gute Gesundheit ist oder Personen aufgrund einer guten Gesundheit besseren Sex haben. Um Fragen nach Ursache und Wirkung beantworten zu können, sind streng genommen Laborexperimente notwendig. Allerdings ist das in diesem Fall schwer umsetzbar, da man Paare kaum dazu bringen kann, unter vorgegebenen Bedingungen Sex zu haben, um die Auswirkungen auf ihre Gesundheit beobachten zu können.

Weiterhelfen können hierbei längsschnittliche Erhebungen, also Mehrfachbefragungen derselben Personen. Tatsächlich findet sich in solchen Studien, dass Sex die Ursache für eine gute Gesundheit sein kann. Zum Beispiel ist das Risiko, später an Prostatakrebs zu erkranken, bei Männern, die im Laufe ihres Lebens häufiger ejakulierten, verringert. Auch auf das Herz-Kreislauf-System wirkt sich die sexuelle Aktivität nachhaltig positiv aus. Ein reges Sexleben kann also durchaus gesundheitsförderlich sein.

Wenn häufiger Sex mit einer besseren Gesundheit einhergeht, ist die Schlussfolgerung naheliegend, dass er sich auch positiv auf die Lebenserwartung auswirken kann. Dies konnten George Davey Smith und Kollegen in einer Studie mit einer außergewöhnlichen Stichprobe belegen. Sie nutzten Informationen der Caerphilly-Studie, an der über mehrere Jahre hinweg alle Männer einer Region in Großbritannien teilnahmen. Diese insgesamt fast 1000 Männer gaben im Alter zwischen 45 und 59 Jahren an, wie häufig sie Sex haben. Zehn Jahre später wurde ermittelt, wer von den Befragten verstorben und was die Todesursache war.

Ob ein Mann verstarb, war maßgeblich davon abhängig, wie viel Sex er hatte: Männer, die zweimal wöchentlich und häufiger Sex hatten, hatten ein halb so hohes Risiko, in den darauf folgenden zehn Jahren zu sterben, im Vergleich zu Männern, die seltener als einmal im Monat Sex hatten. Insbesondere das Risiko, an einer Herzerkrankung zu sterben, war für die sexuell aktiven Männer deutlich vermindert. Dieses verminderte Risiko ließ sich nicht durch andere Merkmale wie Alter, sozialer Status, Tabakkonsum, Blutdruck, vorherige Herzerkrankungen oder den Cholesterinspiegel erklären.

In anderen Studien konnte bestätigt werden, dass Männer, die beispielsweise mit 70 Jahren noch sexuell aktiv sind, im Vergleich zu weniger aktiven Männern ein geringeres Risiko haben, in den folgenden fünf Jahren zu sterben. Sogar schon allein das Interesse an Sex hat, unabhängig davon, ob die Männer letztendlich tatsächlich sexuell aktiv werden, einen förderlichen Einfluss auf ihre Überlebenschance. Bei Frauen ist das leider nicht so einfach: Getreu dem Stereotyp kommt es bei den Frauen nicht auf die Quantität, sondern die Qualität des Sex an. Verspüren Frauen mehr Genuss beim Sex, dann geht dies auch bei ihnen im Durchschnitt mit einem längeren Leben einher.

Dass sich ein aktives Sexleben auch positiv auf die Beziehung auswirkt, konnten Hsiu-Chen Yeh und Kollegen in einer aufwendigen Längsschnittstudie zeigen. Sie befragten 283 verheiratete Paare wiederholt über einen Zeitraum von insgesamt elf Jahren. Dabei erhoben sie jeweils die sexuelle Zufriedenheit, die Einschätzung der Beziehungsqualität und die Stabilität der Ehe. Die wiederholte Befragung ermöglichte auch in dieser Studie Rückschlüsse auf die Richtung von Zusammenhängen. Denn es ist sowohl denkbar, dass Paare, die mit der Beziehung unzufrieden sind, weniger Lust aufeinander verspüren, als auch, dass aufgrund eines unbefriedigenden Sexlebens die Beziehung leidet.

Yeh und Kollegen fanden heraus, dass Partner, die zufrieden mit ihrem Sexleben sind, im Laufe der Zeit eine immer bessere Beziehungsqualität erleben. Dies wiederum führt dazu, dass das Risiko einer Trennung deutlich sinkt. Andersherum hatte die Beziehungsqualität keinen bedeutenden Einfluss auf das spätere Sexleben. Sind wir mit unserer Partnerschaft also sehr unzufrieden, führt das nicht zwangsläufig dazu, dass sich auch der Sex verschlechtert. Vielmehr scheint guter Sex die Ursache für eine gute Beziehung zu sein.

Da in industrialisierten westlichen Ländern schätzungsweise 90 Prozent der sexuellen Handlungen in festen Beziehungen stattfinden, kommt der Rolle der Sexualität in der Beziehung maßgebliche Bedeutung zu. Das gemeinsame Vergnügen stärkt die Vertrautheit und Bindung zwischen den Partnern und beeinflusst damit die Qualität einer Beziehung. Eine stabile Beziehung ihrerseits erweist sich als gute Grundlage, adäquat mit diversen Stressoren außerhalb der Beziehung umzugehen. Umgekehrt gehören sexuelle Probleme beziehungsweise unterschiedliche sexuelle Vorlieben zu den Hauptgründen für eine Trennung.

Finden sich also zwei Personen, die dauerhaft erfüllenden Sex miteinander haben, dann fördert dies ihre Beziehung, was wiederum zu einem längeren, gesünderen und glücklicheren Leben führt. Dies liegt auch daran, dass sich die soziale und emotionale Unterstützung in Beziehungen günstig auf Herz, Kreislauf und Immunsystem auswirkt. Damit ist Sex eine doppelt kluge Entscheidung: Er ermöglicht nicht nur bessere Gesundheit, sondern stärkt auch die Beziehung, die wiederum einen gesundheitsförderlichen Effekt hat.

Vom Elfenbeinturm zum wirklichen Leben: Sex als Schutzfaktor

Die Botschaft vom Elfenbeinturm ins echte Leben kann ohne Umschweife lauten: Seid gesundheitsbewusst und habt mehr Sex! Abgesehen von den akuten Glücksgefühlen ist häufiger guter Sex auch eine sinnvolle Investition in die Zukunft. Liebe und Gesundheit werden vom Sex beeinflusst, der sowohl häufig stattfinden (das heißt mehrfach pro Woche) als auch befriedigend sein sollte. Wenn Frauen bisweilen ein geringeres Bedürfnis nach Sex unterstellt wird, liegt dies zum einen daran, dass sie andere Formen von Sex präferieren als Männer (zum Beispiel ein ausführliches Vorspiel). Zum anderen zeigen Studien, dass sich Frauen im Bett oft unterordnen und ihre Präferenzen nicht klar genug kommunizieren. Hier schlummert also durchaus noch Optimierungspotenzial!

Obwohl die logische Schlussfolgerung aus den vorgestellten Studien lautet, viel guten Sex zu haben, fordern prominente christliche Institutionen auch weiterhin ein Sexverbot außerhalb der Ehe, also auch vor der Hochzeit. Mit großem Einsatz werden mehr oder weniger glaubhaft Kampagnen wie *True Love Waits* vorangetrieben. Nach Angaben dieser Keuschheitsbewegung sind weltweit bereits mehrere Millionen Verpflichtungserklärungen wartefreudiger junger Menschen eingesammelt worden.

Fraglich ist jedoch, ob diese Beschränkung auf Sex in der Ehe (und damit zwangsläufig auf weniger Sex, als ohne diese Beschränkung möglich wäre) nicht vielmehr ein Gesundheitsrisiko darstellt. Oder muss Sex vor der Ehe als riskant betrachtet werden?

In einer Studie von Brooke Huibregtse und Kollegen wurde genau dieser Frage nachgegangen. Tatsächlich fanden die Autoren, dass frühe sexuelle Erfahrungen mit riskantem Sexualverhalten einhergehen. Als Anzeichen für riskantes Sexualverhalten galt die Anzahl der Sexpartner, Sex unter Drogeneinfluss und eine Teenagerschwangerschaft. Die Frage bleibt jedoch, was die Ursache für diesen Zusammenhang ist. Um dies zu untersuchen, verglichen Huibregtse und Kollegen das Verhalten von eineiigen und zweieiigen Zwillingen. Mit dieser Methode lässt sich ermitteln, welche Gründe für den Zusammenhang zwischen frühem Geschlechtsverkehr und späterem riskanten Sex ursächlich sind, ob beispielsweise beides auf eine genetische Veranlagung oder den sozioökonomischen Status einer Familie zurückgeführt werden kann.

Als Informationsquelle diente die Befragung von insgesamt etwa 1000 Zwillingspaaren aus Minnesota, die über mehrere Jahre hinweg wiederholt wurde. Hatte eine Person bereits vor einem Alter von 16 Jahren Sex, so galt sie als Frühstarter. Personen mit frühen Sexerfahrungen unterschieden sich schon im Alter von 11 Jahren, also noch vor ihrem ersten Mal, deutlich von den Personen, die erst nach ihrem 16. Geburtstag ihre ersten sexuellen Erfahrungen sammelten: Frühstarter erlebten in ihrer Kindheit mehr Stressereignisse, zeigten eher psychische Auffälligkeiten, hatten mehr zwielichtige Freunde, waren weniger clever und auch weniger religiös als die später Startenden.

Erstaunlicherweise ist die Wahrscheinlichkeit für riskanten Sex für einen Zwilling, der früh mit Sex begann, genauso hoch wie für den Geschwister-Zwilling, der sich mit dem ersten Mal Zeit ließ. Der frühe Sex scheint also keine Ursache für den riskanten Sex zu sein. Auch scheint dieser nicht maßgeblich auf eine genetische Veranlagung zurückzugehen. Dafür spricht, dass sich eineiige und zweieiige Zwillinge in ihrem Sexualverhalten vergleichbar stark ähnelten. Würde riskanter Sex genetisch veranlagt sein, müssten sich eineiige Zwillinge, die 100 Prozent ihres genetischen Materials teilen, einander jedoch deutlich stärker in ihrem Sexualverhalten ähneln als zweieiige Zwillinge, die im Durchschnitt lediglich 50 Prozent ihrer genetischen Veranlagung teilen.

Zwillingsgeschwister haben dementsprechend ein ähnliches Risiko für riskantes Sexualverhalten, selbst wenn sie zu sehr unterschiedlichen Zeiten das erste Mal Sex hatten. Das heißt, dass nicht die frühe sexuelle Erfahrung per se sich nachteilig auswirkt, sondern dass es andere Faktoren geben muss, die sowohl den Zeitpunkt des ersten Sex beeinflussen als auch die Wahrscheinlichkeit für riskantes Sexualverhalten. Oder anders: Früher Sex selbst schadet nicht. Er ist vielmehr eine Folge von Faktoren, die auch riskantes Sexualverhalten bedingen können.

Vom Elfenbeinturm zum wirklichen Leben: Sex als Risikofaktor

Gesundheitsprogramme zur Prävention von Promiskuität, sexuell übertragbaren Krankheiten oder Teenagerschwangerschaften stehen vor einer schwierigen Aufgabe: Wie lässt sich jungen Menschen verantwortungsbewusster Sex schmackhaft machen? Zumindest Keuschheitsprogramme scheinen bei diesem Ziel zu versagen. Zwar führt ein Keuschheitsgelübde tatsächlich zu einem späteren ersten Mal, allerdings liegt das nur 18 Monate später als der allgemeine Durchschnittswert. Im jungen Erwachsenenalter ist die Rate der sexuell übertragbaren Krankheiten bei den «keuschen» Personen jedoch nicht niedriger als im Durchschnitt. Statt bevormundender «Heb-dich-auf»-Parolen erscheint deshalb die adäquate Aufklärung über die schönste Sache der Welt deutlich vielversprechender.

Empfehlung zum Weiterlesen

Davey Smith, George / Frankel, Stephen / Yarnell, John: «Sex and death: are they related? Findings from the Caerphilly cohort study», in: *British Medical Journal,* Bd. 315, 1997, S. 1641–1644.

Diamond, Lisa M. / Huebner, David M.: «Is good sex good for you? Rethinking sexuality and health», in: *Social and Personality Psychology Compass,* Bd. 6, 2012, S. 54–69.

Huibregtse, Brooke M. / Bornovalova, Marina A. / Hicks, Brian M. / McGue, Matt / Iacono, William: «Testing the role of adolescent sexual initiation in later-life sexual risk behavior: A longitudinal twin design», in: *Psychological Science,* Bd. 22, 2011, S. 924–933.

Tessler Lindau, Stacy / Gavrilova, Natalia: «Sex, health, and years of sexually active life gained due to good health: evidence from two US population based cross sectional surveys of ageing», in: *British Medical Journal,* Bd. 340, 2010, S. 810.

Yeh, Hsiu-Chen / Lorenz, Frederick O. / Wickrama, Kandauda A. S. / Conger, Rand D. / Elder Junior, Glen H.: «Relationships among sexual satisfaction, marital quality, and marital instability at midlife», in: *Journal of Family Psychology,* Bd. 20, 2006, S. 339–343.

DATING 2.0: DIE LIEBE IM NETZ

O nline-Dating ist eine Kunst für sich. Die Fülle an potenziellen Partnerinnen und Partnern ist zwar beeindruckend, darunter aber die große Liebe zu finden, ist kein leichtes Unterfangen. Viel Zeit und Ausdauer sind vonnöten, um sich im überwältigenden Angebotsdschungel zurechtzufinden, und kommerzielle Matching-Algorithmen bieten dabei keine verlässliche Unterstützung. Wird der oder die Lieblingsliebste endlich entdeckt, gilt es Überzeugungsarbeit zu leisten, um auch sie oder ihn von der herausragenden Passung zu überzeugen. Zum Glück hat die psychologische Forschung einige Tipps auf Lager, wie diese Herausforderungen zu meistern sind.

* * *

In Zeiten voller Terminkalender, übermäßigen Arbeitseifers und dem Bedürfnis, sich lieber später als früher festzulegen, lässt die stabile Liebschaft manchmal allzu lange auf sich warten. Während es zu Ausbildungs- und Studienzeiten noch ein Leichtes war, die Lieblingsliebsten im Seminar oder auf anschließenden Kneipentouren aufzuspüren, stellen sich die Gelegenheiten zum Anbändeln später nicht mehr so umstandslos ein. Dann ist Eigeninitiative gefragt: entweder durch das aktive Aufsuchen geselliger Aktivitäten jeglicher Art oder durch das Zulegen eines Online-Dating-Profils. Im Jahr 2012 hatten immerhin 83 Prozent der Deutschen einen Internetzugang – über Smartphones häufig sogar durchgängig zur Hand –, und mehr als jeder dritte erwachsene Single hat sich bereits am Online-Dating versucht.

Einen umfassenden Überblick über aktuelle psychologische Erkenntnisse zum Online-Dating liefern Eli Finkel und Kollegen. Sie stellen in einem Ablaufplan die Schritte vor, die aus ihrer Sicht zu gehen sind, um eine funktionierende Offline-Partnerschaft zu etablieren. Jeder dieser Schritte geht mit Möglichkeiten und Herausforderungen einher, erfordert Entscheidungen und vor allem Durchhaltevermögen. Denn das rationale Abwägen für oder gegen potenzielle Partner kostet neben Geld (für kommerzielle Dating-Angebote) viel Zeit und Energie. Ein guter Grund, das Online-Verlieben geplant anzugehen.

1. Schritt: Online-Dating-Portal auswählen

Einmal mit Elan und Schwung bei der Partnersuche, entscheiden sich viele Bindungswillige dafür, die Liebe zeitgleich auf mehreren Online-Dating-Seiten zu suchen. Denn zu ärgerlich wäre es, das Liebesglück nur deshalb zu verpassen, weil es sich auf einer alternativen Plattform tummelt. Auch hat jedes Online-Dating-Portal seine Vorzüge und Tücken. Einige bieten die freie Auswahl bei der Recherche nach potenziellen Partnern, das heißt dass selbst entschieden wird, wer aus einer Fülle von Dating-Angeboten wie gut passen könnte. Andere nehmen den Partnersuchenden diesen Aufwand ab und bieten Vorschläge an, was weniger Zeitaufwand bedeutet, dafür aber die Auswahl deutlich einschränkt.

Bei der freien Auswahl können nach eigenen Bewertungskriterien oder dem spontanen Bauchgefühl Personen kontaktiert werden. Dies bietet sich für Personen an, die ihr zukünftiges Liebesglück nicht aus der Hand geben möchten. Das übermäßige Angebot an potenziellen Partnern kann allerdings auch überfordern. Wem soll man schreiben, wenn alle Online-Profile mehr oder weniger ähnlich erfolgversprechend wirken? Allen? Wenigen Ausgewählten? In zahlreichen psychologischen Studien konnte gezeigt werden, dass ein Überangebot eher zu Ratlosigkeit, mangelnder Entscheidungsfreude und geringerer Zufriedenheit mit dennoch getroffenen Entscheidungen führt.

Möchte man dennoch an der freien Auswahl festhalten, empfehlen sich zwei Herangehensweisen. Entweder werden vorab klare Kriterien aufgestellt, was einen passenden Partner ausmacht, um anhand dieser Merkmale vom großen Angebot an bindungswilligen Partnern sogar zu profitieren, indem dieses effizient durchforstet werden kann. Bei der Wahl der Anforderungen an den Partner besteht jedoch die Gefahr, sich in überzogenen Ansprüchen zu verlieren. Deshalb: Immer im Hinterkopf behalten, dass die kontaktierten Personen sich auch mit der eigenen Durchschnittlichkeit zufriedengeben müssen.

Ist es nicht möglich, solche Kriterien festzumachen (denn unsere diesbezügliche Einsicht ist leider sehr begrenzt), dann bieten sich Plattformen an, die sich auf bestimmte Personengruppen spezialisiert haben. Das schränkt die Auswahl an potenziellen Partnern zwar von vornherein ein, erspart aber ein nicht zu bewältigendes Angebot an Online-Profilen. Ähnlich wie bei der Wahl der Lieblingsbar oder des Lieblingssports trifft man dort vor allem Gleichgesinnte und sichert sich somit eine grobe Übereinstimmung der Interessen und Vorlieben.

Matching-Vorschläge durch das Online-Dating-Portal bieten sich an, wenn es an Muße zum selbständigen Durchsuchen Hunderter Dating-Profile mangelt. So bleibt die Runde potenzieller Partner auf eine übersichtliche Zahl beschränkt, idealerweise ohne genau die Singles, die sowieso nicht zu einem gepasst hätten. Die Zauberformel für das perfekte Matchen zweier Bindungswilliger ist jedoch noch nicht gefunden, und das ist auch die größte Krux an der Sache: Ob die vorgeschlagenen Personen tatsächlich besser zu einem passen als jede beliebige andere Person, ist äußerst fraglich, und damit ist auch das Risiko nicht abschätzbar, durch die Vorselektion den perfekten Partner zu verpassen.

Hier kann man vorbeugen: Es herrscht eine große Auswahl an Verkuppelungsstrategien, denn fast jede Dating-Plattform bietet ihren eigenen Matching-Algorithmus an. Der ist im Kern zwar meist ein gut gehütetes Betriebsgeheimnis, Anzeichen für ein adäquates Matching sind aber zum Beispiel differenzierte Fragebögen, die für die Anmeldung zum Dating-Portal auszufüllen sind. Insbesondere Fragen zum Wohnort, zur Familienplanung, zum Bildungsstand, zu Religion und zu den Interessen sollte ausreichend Platz eingeräumt sein. Denn Gemeinsamkeiten in diesen Bereichen sind eine gute Ausgangsbasis für eine langfristig glückliche Beziehung.

Weniger empfehlenswert sind Dating-Portale, die auf indirektem Wege Informationen erheben, beispielsweise indem sie ausschließlich Nebensächliches abfragen. Den perfekten Partner aufgrund ähnlicher Farbvorlieben, Sternzeichen oder spontaner Assoziationen zu Tintenklecksen zu finden, ist denkbar unwahrscheinlich. Auch Dating-Portale, die sich darauf spezialisieren, möglichst komplementäre Personen zu verkuppeln, sind nicht empfehlenswert, denn es gibt so gut wie keine empirischen Befunde, die Unähnlichkeit von Paaren vielversprechend erscheinen lassen.

Eine Alternative dazu, sich vollständig einem ungeprüften

Matching zu unterwerfen, bieten Online-Portale, die eine Kombination aus freier Auswahl und Matching-Vorschlägen bieten. Unter Beachtung der angesprochenen Vorsichtsmaßnahmen lässt sich der Vorteil nutzen, potenzielle Partner vorgeschlagen zu bekommen, die ansonsten möglicherweise in der Fülle des Angebots untergegangen wären, und man vermindert das Risiko, den Traumprinzen oder die Traumprinzessin, obgleich im gleichen Dating-Portal angemeldet, nie zu Gesicht zu bekommen.

2. Schritt: Online-Dating-Profil anlegen

Ist das passende Dating-Portal gefunden, stellt sich als Nächstes die Frage, wie die eigenen Qualitäten ins rechte Licht gerückt werden können. Zum einen sollen sie Aufmerksamkeit erregen, zum anderen auch realistische Erwartungen wecken. Das ist eine Gratwanderung, denn natürlich möchte man den perfekten Partner mit seinem Profil begeistern können. Andererseits ist für eine langfristige Beziehung auch abträglich, sich als Angelina Jolie-Double auszugeben, wenn man spätestens beim ersten realen Treffen mit den Tatsachen herausrücken muss.

Ehrlichkeit bei der Erstellung des Online-Profils bietet sich dementsprechend an. Dennoch sind kleine Flunkereien verbreitet. Weniger als 20 Prozent der Dating-Profile sind vollständig vertrauenswürdig, und deshalb sind solche Selbstdarstellungen auch eher mit Vorsicht zu genießen. Beispielsweise hat eine Studie an über 20 000 Dating-Site-Nutzern ergeben, dass diese sich im Durchschnitt um einige Zentimeter größer und Frauen sich gerne um mehrere Kilogramm leichter machen. Halten sich diese Beschönigungen im Rahmen, sind sie kaum problematisch und beim ersten Treffen auch kein Anlass für großartige Enttäuschung, machen deshalb aber auch nicht bedeutend attraktiver. Werden allerdings zehn Kilogramm Körpergewicht geleugnet, bleibt das beim ersten Date wohl kaum verborgen.

Welche Eigenschaften betont und was eher vermieden werden sollte, kann bei *OkCupid – the best dating site on Earth* (so die Selbstdarstellung) nachgelesen werden. Neben viel Geflirte gibt es dort nämlich auch Dating-Statistiken. Diese füttern sich aus den riesigen anfallenden Datenmengen, werden von Christian Rudder herzerwärmend aufbereitet und bieten Antworten auf ein buntes Fragen-Potpourri.

Um, im wahrsten Sinne des Wortes, auf den ersten Blick Interesse zu wecken, hilft selbstverständlich ein passendes Foto. Handyfotos eignen sich weniger, denn die so Abgelichteten werden gewöhnlich als unattraktiver empfunden. Den attraktivitätsmindernden Effekt des Alterns bremst, sich ins rechte Licht zu rücken: Auf das Blitzlicht zu verzichten, bringt nämlich einen Attraktivitätsgewinn, der im Ausmaß vergleichbar ist mit einer Verjüngung um sieben Lebensjahre. Generell ist es unbedingt empfehlenswert, ein Foto im Online-Profil bereitzustellen. Bei einem unspektakulären oder unattraktiven Gesichtsausdruck kann jedoch darauf verzichtet werden, dieses in den Mittelpunkt zu rücken. Ist das Gesicht nämlich nicht zu sehen, weckt das nicht unbedingt Misstrauen. Wichtig ist in diesem Fall jedoch, dieses Fehlen mit einem kreativen Motiv adäquat zu kompensieren.

Ist gesichert, dass sich die eigene Attraktivität im Dating-Profil widerspiegelt, ist schon viel gewonnen. Insbesondere bei Frauen ist Attraktivität, wie gewohnt, ein Vorteil, denn immerhin zwei Drittel der Nachrichten von Männern gehen an das hübscheste Drittel der Frauen. Statt jedoch durchweg recht positive, aber wenig überschwängliche Attraktivitätseinschätzungen zu erhalten, ist es erfolgversprechender, nur vereinzelt als extrem attraktiv eingeschätzt zu werden, auch wenn andere Männer konträrer Ansicht sind. Polarisation ist hier der Schlüssel zum Erfolg.

Für Frauen, die nicht dem gängigen Schönheitsideal entsprechen, bieten sich demnach Extravaganzen an. Denn wenn schon nicht alle Männer erobert werden können, dann kann so wenigstens eine liebenswürdige Randgruppe mit ungewöhnlichem Geschmack bis zur Hyperventilation begeistert werden. Dafür eignen sich große, bunte oder auffällige Tattoos, Piercings an abgefahrenen Stellen, knallige Haarfarben, asymmetrische Frisuren oder andere Auffälligkeiten. Das gilt zumindest für den Fall, dass sich die Frauen für Männer begeistern, die sich für solche Frauen begeistern. Neben dem Aussehen zählen natürlich auch Mimik, Pose und Kleidungsstil. Besser als ein biometrisches Passbild funktioniert verständlicherweise ein flirtender Blick, doch Vorsicht: Ganz wichtig ist der Blickkontakt in Kombination damit! Ohne ihn werden Annäherungsversuche so gut wie ganz ausbleiben. Immer gut kommt ein Lächeln auf den Lippen an. Und ein bisschen mehr vom Dekolleté lockt zwar die Männer an, allerdings nicht unbedingt die mit den langfristigen Intentionen. Langfristig interessiert sind besonders die Männer, die sich von einem Profilfoto mit dem Haustier nicht abschrecken lassen. Die sind zwar nicht groß an der Zahl, dafür entwickelt sich mit ihnen aber zumindest eine richtige Unterhaltung.

Im Vergleich zu Männern sind Frauen bei der Attraktivitätsbewertung deutlich kritischer. Achtzig Prozent der Männer sehen ihrer Einschätzung nach unterdurchschnittlich gut aus. Doch keine Sorge, Frauen daten auch unattraktive Männer. Wie bei den Frauen gilt auch für das männliche Konterfei: Fehlender Blickkontakt bei gleichzeitig flirtendem Gesichtsausdruck mindert die Kontaktanfragen substanziell. Den Männern ist, im Gegensatz zu Frauen, jedoch besonders großer Erfolg sicher, wenn sie weder lächeln noch Blickkontakt mit der Kamera suchen. Und was bei Frauen der tiefe Ausschnitt ist, ist bei Männern der freie Oberkörper, insbesondere wenn mit Muskeln gepunktet werden kann.

3. Schritt: Kontakt aufnehmen

Bei der Kontaktaufnahme sind Männer deutlich aktiver als Frauen. Sie sehen sich nicht nur etwa dreimal so viele Dating-Profile an, sondern nehmen auch mit einer 40 Prozent höheren Wahrscheinlichkeit Kontakt mit der Profilinhaberin auf. Egal ob Männer oder Frauen, beide bevorzugen dabei das entzückende Fräuleinwunder beziehungsweise den muskulösen Sunnyboy. Keine wirklich erfolgversprechende Strategie, die bei attraktiven Singles wieder in eine Fülle an Auswahlmöglichkeiten mündet.

Kontaktanfragen breit zu streuen ist prinzipiell jedoch empfehlenswert, weil die Antwortrate üblicherweise gering ist. Männer reagieren auf etwa jede vierte Anfrage, Frauen noch nicht einmal auf jede sechste. Bei der Kontaktaufnahme kommt es deshalb neben dem «Ob» auch auf das «Wie» an, um die Chance auf eine Antwort zu erhöhen. Empfehlenswert ist, weniger von sich, sondern eher vom anderen zu sprechen und positive Worte wie «Beziehung» und «hilfsbereit» im Zusammenhang mit Partnerschaft zu benutzen. Wird man selbst von einer interessanten Person kontaktiert, zahlt es sich vor allem aus, zügig zu antworten.

4. Schritt: Offline gehen

Wurde das gegenseitige Interesse online geweckt, folgt im nächsten Schritt der Übergang in die Offline-Welt. Bei zwei von drei potenziellen Paaren wird dieser Schritt bereits in der Woche des Kennenlernens gewagt, in den allermeisten Fällen innerhalb des ersten Monats. Dann entscheidet sich, wie aussagekräftig das Online-Profil tatsächlich war und wie vielversprechend sich das Miteinander in der direkten Interaktion gestaltet.

Vom Elfenbeinturm zum wirklichen Leben: Chancen online nutzen

Online-Dating liefert eine Fülle an Möglichkeiten und unterscheidet sich maßgeblich vom Offline-Dating. Von so gut wie überall auf der Welt kann zu jeder Zeit ein passender Partner gefunden werden. Statt des allmählichen Herantastens werden hier Kurzzusammenfassungen zu Tausenden von Personen auf dem Silbertablett präsentiert. Nicht selten führt das zu dem Eindruck, sich beim Partner-Shopping wiederzufinden und ohne große Gefühle, dafür mit viel Nachdenken, die Liebe fürs Leben zu suchen. Insbesondere bei starren Online-Profilen kommt es so zum bloßen Faktenaustausch, bei dem offensichtlichen Merkmalen wie dem Aussehen übermäßig viel Bedeutung zukommt und andere Attribute wie Humor und Einfallsreichtum verborgen bleiben. Ist man sich jedoch im Klaren darüber, wen man sucht und wie man dieser Person imponiert, kann es mit Hilfe des Online-Datings plötzlich schnell gehen, und beim nächsten Sonntagsfrühstück holt vielleicht schon der oder die neue Lieblingsliebste die warmen Brötchen vom Bäcker.

Empfehlung zum Weiterlesen

Finkel, Eli J. / Eastwick, Paul W. / Karney, Benjamin R. / Reis, Harry T. / Sprecher, Susan: «Online Dating: A critical analysis from the perspective of psychological science», in: *Psychological Science in the Public Interest,* Bd. 13, 2012, S. 3–66.

OkTrends, der Blog mit Dating-Statistiken von OkCupid: http://blog.okcupid.com/

FAMILIE ALS GLÜCKSBRINGER?

E *ine Familie zu gründen gilt als Königsweg zum Glück. Sie erfüllt das Bedürfnis nach Nähe und Zugehörigkeit, verleiht dem Leben einen Sinn und bietet Unterstützung bei zahlreichen Herausforderungen des Alltags. Dass verheiratete Paare mit Kindern tatsächlich glücklicher sind als Personen ohne Familie, konnte wissenschaftlich bestätigt werden. Aber wie passt das zusammen mit durchwachten Nächten, mangelnder Zweisamkeit und erhöhtem Alltagsstress, um Kindererziehung und Beruf unter einen Hut zu bekommen? Wissenschaftliche Studien zeigen, dass eine Familie kein Glücksgarant ist, sondern vielmehr sowohl von vorübergehenden als auch zeitlich stark verzögerten Glücksgefühlen profitiert und es in manchen Phasen ratsam ist, sich einer positiven Illusion hinzugeben.*

***

Das Glück in der Familie zu suchen scheint plausibel. Allerdings bleibt fraglich, inwiefern eine eigene Familie unsere Glücksgefühle tatsächlich langfristig steigern kann. Noch im Jahr 1996 nahmen David Lykken und Auke Tellegen nämlich an, dass es genauso aussichtslos sei zu versuchen, glücklicher zu werden, wie größer zu werden. Dementsprechend sei es ein quasi aussichtsloses Unterfangen, das Glück zu suchen, ob in der Familie oder anderswo. Diese schwerwiegende Annahme über die Unbeeinflussbarkeit unseres Wohlbefindens hat Richard Lucas gemeinsam mit Kollegen überprüft und kommt zu nicht ganz so schwarzmalerischen Ergebnissen.

Um zu aussagekräftigen Befunden über den Einfluss der Familie auf die Lebenszufriedenheit zu kommen, nutzten Lucas und Kollegen Informationen des Sozio-oekonomischen Panels, einer groß angelegten Längsschnittstudie. Es handelt sich dabei um eine seit 1984 jährlich durchgeführte Befragung von mittlerweile über 30 000 Personen, die als repräsentativ für die deutsche Bevölkerung gelten können. Durchgeführt wird diese Längsschnitterhebung vom Deutschen Institut für Wirtschaftsforschung in Berlin mit dem Ziel, Informationen über das Leben in Deutschland zu sammeln, und so wurden und werden die ausgewählten Teilnehmer unter anderem auch nach ihrer allgemeinen Lebenszufriedenheit befragt. Fast 90 Prozent der Befragten geben an, mit ihrem Leben eher zufrieden als unzufrieden zu sein. Allerdings verändert sich die Zufriedenheit über die Zeit, und diese Veränderungen hängen zum Beispiel damit zusammen, ob eine Person geheiratet hat oder nicht. In dem Zeitraum der Studie von Lucas und Kollegen heirateten 1761 Personen, die tatsächlich etwas zufriedener waren als unverheiratete Personen. Aber heißt das zwangsläufig, dass die Ehe sie glücklicher gemacht hat?

Das heißt es nicht, denn interessanterweise gehören die Personen, die später irgendwann heirateten, auch schon vor ihrer Hochzeit zu den Zufriedeneren. Dass Verheiratete glücklicher sind als Unverheiratete, lässt sich also zum Teil darauf zurückführen, dass glückliche Personen eher dazu neigen zu heiraten. Dafür kann es zahlreiche Ursachen geben: Vielleicht begeben sich glückliche Menschen vermehrt auf Partnersuche, vielleicht wagen sie es eher, den Bund der Ehe zu schließen, oder sie sind schlichtweg als Partner interessanter und werden deshalb bevorzugt geheiratet. Im Gegensatz dazu haben es unzufriedene Menschen vielleicht schwerer, einen Partner dauerhaft für sich zu begeistern, oder bevorzugen es einfach, für sich zu bleiben.

Auch fanden Lucas und Kollegen, dass Personen ihr Leben kurz vor der Hochzeit positiver bewerten als noch wenige Jahre davor. Sie profitieren in dieser Zeit also bereits von der bevorstehenden Ehe. Allerdings ist dieses Glückshoch von geringer Intensität und löst dementsprechend meist keine maßgebliche Umwälzung der Gemütslage aus. Schon nach etwa zwei Jahren sind die neuen Glücksgefühle dann bereits verpulvert. Die Eheleute haben sich an das Miteinander gewöhnt, sodass sie von der anfänglich gesteigerten Zufriedenheit nicht mehr profitieren.

Besonders positiv wirkt sich die Hochzeit übrigens auf Personen aus, die wenig zufrieden mit ihrem Leben sind, während ohnehin zufriedene Personen kaum mehr durch die Hochzeit beeinflusst werden. Gleichgültig ob mehr oder weniger zufrieden, bei Männern und Frauen pendelt sich die Zufriedenheit relativ schnell wieder auf das Ausgangsniveau ein. Erstaunlich ist das deshalb, weil in der Studie von Lucas und Kollegen lediglich die stabilen Ehen untersucht wurden und die früh geschiedenen unberücksichtigt blieben. Das heißt: Selbst in stabilen Beziehungen verschwindet die Zufriedenheit schnell.

Wie das Wohlbefinden durch die Eheschließung langfristig beeinflusst wird, untersuchte auch Maike Luhmann zusammen mit Kollegen. Dabei betrachteten sie nicht nur die allgemeine Zufriedenheit mit dem Leben, sondern auch die Zufriedenheit mit der Beziehung und das affektive Wohlbefinden. Zufriedenheit und Affekt machen gemeinsam das subjektive Wohlbefinden einer Person aus. Während die Zufriedenheit eher auf einer rationalen Abwägung der Vor- und Nachteile des eigenen Lebens basiert, beschreibt der Affekt die emotionale Bewertung des Lebens. Dazu zählt, wie häufig sich eine Person glücklich fühlt, sich ärgert, ängstlich oder traurig ist.

Bei der Studie von Luhmann und Kollegen handelt es sich um eine Meta-Analyse, also eine Zusammenfassung von mehreren bis dato durchgeführten Studien zu einem Thema. Insgesamt 38 Studien mit insgesamt fast 10 000 Studienteilnehmern konnten genutzt werden, um den Zusammenhang zwischen der Hochzeit und dem Verlauf des Wohlbefindens zu untersuchen. Die Ergebnisse legen nahe, dass die Zufriedenheit mit der Beziehung von einer Heirat nicht profitiert. Es gab hierbei also nicht, wie bei der allgemeinen Lebenszufriedenheit, ein zumindest vorübergehendes Glückshoch. Allerdings sank sowohl die Zufriedenheit mit dem Leben im Allgemeinen als auch die mit der Beziehung im Besonderen in den Monaten und Jahren nach der Hochzeit beträchtlich.

Zumindest auf die täglichen Emotionen, also das affektive Wohlbefinden, wirkte sich die Hochzeit jedoch nicht negativ aus. Ein positiver Effekt blieb allerdings auch hier aus. Anders sieht es aus, wenn man sich das Wohlbefinden während einer Trennung ansieht. Luhmann und Kollegen fassten für diese Untersuchung zwölf Studien mit fast 2000 Teilnehmern zusammen. Personen sind, verständlicherweise, während einer Trennung mit deutlich negativeren Emotionen belastet als Personen, die in keine Trennung verwickelt sind. Bereits in den ersten ein bis zwei Jahren nach der Trennung erholen sie sich jedoch von diesem belastenden Ereignis und sind letztendlich deutlich glücklicher als noch kurz vor der Trennung.

Vom Elfenbeinturm zum wirklichen Leben: Ehe-Glück ist begrenzt

Insgesamt zeichnen die Ergebnisse ein eher düsteres Bild von der Ehe. Eine Hochzeit scheint nicht, wie oftmals erhofft, ein Glücksversprechen zu sein. Vielmehr sinkt das Wohlbefinden in den ersten Jahren der Ehe beträchtlich. Nichtsdestotrotz gehören verheiratete Personen schlussendlich doch zu den Glücklicheren. Das lässt sich zum einen damit erklären, dass sie schon vor ihrer Heirat zu den Glücklicheren zählten, und zum anderen damit, dass die Ehe, bevor sie geschlossen wird, zumindest zu einem kleinen Glückshoch führt, das den späteren Zufriedenheitsverlust zum Teil kompensieren kann. Auch zeigt sich: Anstatt in einer unglücklichen Beziehung zu verharren, kann eine Trennung das eigene Wohlbefinden schon nach wenigen Monaten wieder ins Lot bringen.

Zur klassischen Bilderbuchfamilie gehört neben dem perfekten Partner auch entzückender Nachwuchs. Wenn also schon die Liebe fürs Leben nicht für dauerhaftes Wohlbefinden sorgen kann, versteckt sich dieses Potenzial möglicherweise bei den eigenen Kindern. Die Geburt eines Kindes wurde in der Meta-Analyse von Luhmann und Kollegen ebenfalls untersucht. Dabei wurden 152 Studien mit über 35 000 Personen ausgewertet. Genauso wie bei der Hochzeit stieg auch bei der Geburt eines Kindes die Zufriedenheit mit dem Leben, aber nicht mit der Beziehung, kurz an, wobei beides bald danach wieder absank.

Das affektive Wohlbefinden zeigte dagegen einen deutlich positiveren Verlauf. Diese Ergebnisse legen nahe, dass die Geburt eines Kindes zwar eine Herausforderung für das Leben und die

Partnerschaft darstellt, aber dennoch eine Quelle des Glücks sein kann. Insbesondere in den ersten zwei bis drei Lebensjahren löst der Nachwuchs anscheinend zunehmend positive Gefühle aus. Zu diesem Schluss kommen auch Rachel Margolis und Mikko Myrskylä. Die Elternrolle bietet die Chance, familiäre und freundschaftliche Netzwerke zu stärken und Verantwortung zu übernehmen. Gleichzeitig geht sie aber auch mit einer Vielzahl an Verpflichtungen einher, die insbesondere die Harmonie in der Ehe stören können.

Margolis und Myrskylä nutzten Daten des World Values Surveys, einer überaus umfangreichen Befragung von Menschen aus der ganzen Welt. Zwischen 1981 und 2005 gaben über 200 000 Personen aus über 80 Ländern Informationen über die Anzahl ihrer Kinder und ihr Wohlbefinden an. Dabei zeigte sich, dass in Tansania, El Salvador und Venezuela die glücklichsten Menschen leben, während sie in Moldawien, Weißrussland und Albanien vergleichsweise unglücklich sind. Die Befragten aus Deutschland gaben, im Vergleich zu den anderen Ländern, eine mittlere allgemeine Zufriedenheit an.

Auch die Anzahl der Kinder der Befragten variierte stark zwischen den Ländern. Während Befragte in der Dominikanischen Republik im Durchschnitt weniger als 1,2 Kinder hatten, waren es in Jordanien durchschnittlich mehr als drei. In Deutschland lag die durchschnittliche Kinderanzahl bei etwa 1,5 pro Befragten und war im Osten des Landes etwas höher als im westlichen Teil. Über alle Länder hinweg ging eine höhere Anzahl Kinder mit einer geringeren Zufriedenheit einher. Das war besonders bei jungen Eltern der Fall und weniger bei älteren Befragten, was sich damit erklären lässt, dass insbesondere kleine Kinder das Wohlbefinden der Eltern einschränken.

Besonders einflussreich scheinen in diesem Zusammenhang

finanzielle Belastungen durch die Kinder zu sein. Dafür spricht unter anderem, dass bei jungen Eltern das Wohlbefinden besonders niedrig ausgeprägt ist, wenn diese ein geringes Einkommen haben. In westlichen Ländern sind Kinder derzeit nämlich eine kostspielige Investition und als finanzielle Altersvorsorge nicht mehr notwendig. Um dieses finanzielle Minusgeschäft aufzulösen, tendieren Personen dazu, ihre Elternrolle zu idealisieren. Zu diesem Ergebnis kamen Richard Eibach und Steven Mock. Sie konfrontierten Eltern mit den Kosten, die ein Kind während seiner gesamten Erziehung verursacht (immerhin knapp 200 000 Dollar pro Kind für eine Mittelschichtfamilie in den USA). Anderen Eltern gaben sie zusätzlich Informationen zu der typischen Unterstützung, die Kinder ihren Eltern im hohen Alter zukommen lassen.

Mütter, im Gegensatz zu Vätern, tendierten besonders dazu, die Elternrolle zu idealisieren. Sie stimmten beispielsweise eher zu, dass es nichts Erfüllenderes im Leben gäbe als Kinder und dass kinderlose Personen nie vollkommen glücklich sein könnten. Darüber hinaus idealisierten die Befragten die Elternschaft deutlich stärker, die lediglich mit den Kosten eines Kindes konfrontiert wurden, während Personen, die sowohl mit den finanziellen Einbußen als auch dem Gewinn durch Kinder konfrontiert wurden, deutlich weniger idealisierten. Diese Beobachtung zeigt, dass Eltern, die sich darüber bewusst sind, dass es mehr Einsatz erfordert, Kinder großzuziehen, als es sich emotional oder finanziell auszahlt, kognitive Mechanismen aktivieren, die das eigene Handeln rechtfertigen.

Vom Elfenbeinturm zum wirklichen Leben: Kinder-Glück ist unbezahlbar

Lohnt es sich für Hedonisten heutzutage überhaupt noch, Kinder zu bekommen? Was kann die durchwachten Nächte, Beziehungskonflikte und Karriereunterbrechungen wettmachen, wenn sie doch an unserer Lebenszufriedenheit zehren? In Anbetracht der vorgestellten Forschungsergebnisse kann man schon fast von Glück sprechen, dass überhaupt noch Kinder geboren werden – wenn auch derzeit in Deutschland viel zu wenige. Eine mögliche Ursache ist, dass sich früher noch rationale Argumente für den Nachwuchs finden ließen, wie tatkräftige Unterstützung bei der Arbeit oder eine zuverlässige Altersvorsorge oder auch schlichtweg mangelnde Verhütungsmöglichkeiten. Heute scheint vor allem die Idealisierung zu bleiben, die Menschen zu Eltern macht.

Glücklicherweise speist sich das Wohlbefinden aber nicht nur aus einem nüchternen Abgleich finanzieller Vor- und Nachteile. Ein Zufriedenheitseinbruch ist eben nicht den liebenswerten kleinen Lebenssinngebern anzulasten, sondern vielmehr den typischen Begleiterscheinungen frischer Elternschaft: wenig Schlaf, wenig Zeit mit dem Partner sowie Hürden bei der Vereinbarkeit von Familie und Beruf. Diese Herausforderungen lassen sich jedoch bewältigen, auch wenn die Zufriedenheit zeitweise sinkt. Dafür entschädigen intensive Glücksmomente, die die Prioritäten im Leben wieder an ihren Platz rücken.

Empfehlung zum Weiterlesen

Eibach, Richard P. / Mock, Steven E.: «Idealizing parenthood to rationalize parental investments», in: *Psychological Science,* Bd. 22, 2011, S. 203–208.

Lucas, Richard E. / Clark, Andrew E. / Georgellis, Yannis / Diener, Ed: «Reexamining adaptation and the set point model of happiness: Reactions to changes in marital status», in: *Journal of Personality and Social Psychology,* Bd. 84, 2003, S. 527–539.

Luhmann, Maike/Hofmann, Wilhelm / Eid, Michael / Lucas, Richard E.: «Subjective well-being and adaptation to life events: A meta-analysis», in: *Journal of Personality and Social Psychology,* Bd. 102, 2012, S. 592–615.

Margolis, Rachel / Myrskylä, Mikko: «A global perspective on happiness and fertility», in: *Population and Development Review,* Bd. 37, 2011, S. 29–56.

EIFERSUCHT ALS ANGST UND SCHUTZMASSNAHME

eitensprünge sind kein seltenes Phänomen, sondern kommen in den besten Familien vor. Denn Personen sind zahlreichen Verführungen ausgesetzt – sei es in Gestalt einer hübschen Frau, die Avancen macht, oder eines erfolgreichen Mannes, der eindeutige Signale sendet. Und so wird, wenn auch prinzipiell glücklich gebunden, der einen oder anderen Person der Kopf verdreht. Auf eine blütenweiße Weste des oder der Lieblingsliebsten zu hoffen, scheint vielen deshalb naiv. Bleibt also nur, die Gefahren, die sich in Form sexueller Verführung oder emotionaler Seelenverwandtschaft im Umfeld des Partners tummeln, mit Argusaugen zu beobachten. Weil Menschen sich darin unterscheiden, welche Art von Intimität sie mit besonderem Nachdruck exklusiv für sich beanspruchen, zeigt sich die Eifersucht auch in ganz verschiedenem Gewand und ist im Idealfall durchaus funktional.

* * *

Männer und Frauen unterscheiden sich darin, welche Form von Untreue ihnen in besonderem Maße das Herz bricht. Zu diesem Schluss kam jedenfalls David Buss zusammen mit Kollegen und führte dies auf die Art der menschlichen Fortpflanzung zurück. Während Frauen sich über den eigenen Anteil am Nachwuchs nämlich weitgehend sicher sein können, müssen Männer stets ein gewisses Maß an Unsicherheit ertragen. Sie leisten zwar ihren Beitrag zu einer Befruchtung, können sich aber nie sicher sein, ob das neue Leben nicht doch das Resultat einer Liebelei mit einem Nebenbuhler ist.

Die Investition in ein Kuckuckskind kann aus evolutionärer Sicht als Nachteil angesehen werden, würde ein Mann so seine Zeit, sein Geld und andere Ressourcen doch in die Aufzucht von Nachwuchs investieren, die nicht dem Erhalt der eigenen Gene dient. Eine solche Erklärung greift freilich insofern zu kurz, als sich auch über die Erziehung eigene, genetisch verankerte Eigenschaften auf ein nicht leibliches Kind übertragen lassen. Es ist dennoch plausibel, dass Männer der sexuellen Untreue eine hohe Bedeutung beimessen, insbesondere dann, wenn sie sich maßgeblich an der Kindererziehung beteiligen.

Frauen dagegen wird unterstellt, besonders empfindsam auf emotionale Untreue zu reagieren. Da sie beim Großziehen des Nachwuchses von der Unterstützung ihrer Männer profitieren, erwarten sie von ihnen auch entsprechendes Commitment. Das gilt insbesondere dann, wenn sie auf diese Unterstützung angewiesen sind, um den Nachwuchs gesund aufzuziehen. Die unterschiedliche Perspektive bei der Fortpflanzung erzeugt so verschiedene Einstellungen zur Untreue bei Männern und Frauen.

Um ihre Annahme zu bekräftigen, konfrontierten Buss und Kollegen etwa 200 Studierende mit folgender Frage: Was würde Sie mehr belasten, wenn der oder die Lieblingsliebste eine innige emotionale Bindung zu einer anderen Person aufbauen und sich in diese verlieben würde oder wenn er beziehungsweise sie leidenschaftlichen Sex mit einer anderen Person genießen und dabei unterschiedliche Stellungen ausprobieren würde? Ein Gedankenexperiment dieser Art zu wagen, kostet einiges an Überwindung, generiert es doch Bilder im Kopf, die man nur allzu gern verdrängen würde. Ergebnis dieses nicht eben leichten Unterfangens war, dass sich die Antworten der Männer von denen der Frauen deutlich unterschieden: 60 Prozent der Männer gaben an, vor allem bei dem Gedanken an die sexuellen Höhepunkte der Partnerin mit einem anderen Mann zu verzweifeln. Dagegen war dies für lediglich 17 Prozent der Frauen die schlimmere Vorstellung. Sie waren mehrheitlich deutlich aufgewühlter bei dem Gedanken an eine ernsthafte emotionale Bindung des Mannes an eine andere Frau.

Zu einem ähnlichen Ergebnis kamen Buss und Kollegen in einem zweiten Experiment, bei dem sie die durch unterschiedliche Seitensprung-Szenarien ausgelöste körperliche Erregung maßen. Die Vorstellung an jegliche Form der Untreue wühlte Männer wie Frauen bedeutend auf. Aber auch hier zeigte sich, dass Männer besonders durch ein sexuelles Abenteuer ihrer Partnerin mit einem anderen Mann aus der Fassung gebracht werden. Das schlug sich in einer erhöhten Hautleitfähigkeit und einer erhöhten Pulsfrequenz nieder. Beides spricht für eine starke Erregung des autonomen Nervensystems. Frauen reagierten auch in diesem Experiment dagegen stärker auf die Vorstellung emotionaler Untreue.

Hypothetische Szenarien einzuschätzen ist häufig die einzige Möglichkeit, um Informationen über die Formen und Unterschiede von Eifersucht zu erlangen. Schließlich kann ein Forscherteam nicht zufällig ausgewählte Personen verführen, um so die Reaktion des Partners darauf zu beobachten. Etwas realistischer als ein bloßes Gedankenexperiment ist allerdings die Befragung von Personen, die tatsächlich die Erfahrung des Betrogenwerdens gemacht haben, ein Vorgehen, das Michael Tagler wählte. Die Frage, ob sie bereits Erfahrung im Betrogenwerden gemacht haben, bejahte von über 600 Personen immerhin die

Hälfte. Im Unterschied zur nicht betrogenen Hälfte, bei denen sich der oben berichtete Geschlechtsunterschied noch einmal bestätigte, ergab die Befragung der Personen, die bereits betrogen worden waren, für Männer wie für Frauen gleichermaßen, dass sie die emotionale Untreue als belastender empfanden als die sexuelle Untreue. Mit reifendem Alter und vor dem Hintergrund real erfahrener Untreue wächst demnach die Ansicht, dass emotionale Untreue deutlich schwerer zu ertragen ist.

Vom Elfenbeinturm zum wirklichen Leben: Eifersucht als Angst

Liebe machen und Liebe fühlen – für beides wird in den meisten Partnerschaften das Exklusivrecht beansprucht. Kein Wunder also, dass Männer wie Frauen alarmiert reagieren, wenn sich die Anzeichen mehren, dass ihnen diese Exklusivität streitig gemacht wird. Unsere Alltagserfahrung vermittelt häufig den Eindruck, dass Männer besonders eifersüchtig auf potenzielle sexuelle Untreue reagieren, während dies bei Frauen besonders für die emotionale Untreue gilt. Dieser Geschlechtsunterschied lässt sich auch evolutionspsychologisch gut begründen, erzählt aber dennoch nur die halbe Wahrheit: Denn kommt es tatsächlich zur Untreue, dann stellt sich für beiderlei Geschlecht die Seelenverwandtschaft mit einer anderen Person als weitaus größere Katastrophe dar. Einen Vertrauensvorschuss genießen deshalb insbesondere diejenigen, die emotionale Nähe in der Partnerschaft ausleben und sich gegenüber dritten Personen zurückhalten.

Wie stark die Eifersucht hochkocht, wird nicht nur davon beeinflusst, ob der Partner sich auf Flirts mit dritten Personen einlässt, sondern auch davon, worauf eine solche Spielerei zurückgeführt wird. Dies lässt sich mit Hilfe der Attributionstheorie untersuchen, die Stacie Bauerle mit Kollegen zur Grundlage genommen hat, um mehr oder weniger schwerwiegende Beziehungsfehltritte unter die Lupe zu nehmen. Etwa 150 Studierende lasen in dieser Studie leicht variierte Versionen der Geschichte von Betty und Bill, einem frisch verliebten Paar, und Judy, welche die traute Zweisamkeit störte, indem sie offensiv um die Gunst von Bill buhlte. Die Befragten gaben an, dann in höchstem Maße Grund für Eifersucht zu sehen, wenn der Flirt von Bill ausging (und nicht von der schönen Judy) oder er bewusst auf die Avancen einging. Konnte die Nähe zur Nebenbuhlerin allerdings plausibel gerechtfertigt werden, sank die Eifersucht rapide.

Findet sich der oder die Lieblingsliebste unversehens in einer erotisch aufgeladenen Situation wieder, wird der Partner dies dann eher verzeihen, wenn es (a) nicht vermeidbar war, (b) aufgrund äußerer Einflüsse auftrat und (c) einen nicht vorherzusehenden Einzelfall darstellte. Hier ist Eifersucht auch durchaus funktional, da sie dem Partner zeigt, welches Verhalten in der Beziehung nicht geduldet wird, er also erfährt, was er lassen sollte, um brenzlige Situationen zu vermeiden. Im Gegensatz dazu ist Eifersucht dann nicht funktional, wenn die auslösende Situation nicht vermeidbar war, das Verhalten des Partners also nicht als ursächlich betrachtet werden kann und ihn die Eifersuchtsattacken unbegründet unter Druck setzen.

Die für einen Seitensprung intuitiv angenommenen Ursachen können zum Teil auch erklären, warum sich Männer und Frauen häufig darin unterscheiden, welche Form der Untreue sie verwerflicher finden. Das ergab eine Studie von Christine Harris und Nicholas Christenfeld. Sie befragten Studierende danach, ob ein Sprung ins fremde Bett mit hoher Wahrscheinlichkeit gleichzeitig bedeutet, dass der Partner auch in die andere Person verliebt ist, und ob, wenn ein Partner in eine dritte Person verliebt ist, er mit hoher Wahrscheinlichkeit auch Anstrengungen unternehmen wird, um mit dieser sexuelle Höhepunkte zu erreichen.

Viele Frauen vertraten die Auffassung, dass ihr Partner sich zwar in fremde Betten locken lassen könnte, dass dies aber noch nicht zwangsläufig heißen müsse, dass er auch Schmetterlinge im Bauch habe. Vielmehr folge er möglicherweise einem momentanen Anflug von unüberwindbarer Erregung, die letztendlich nicht unbedingt die eigene Beziehung in Frage stellen müsse. Anders verhält es sich beim Verdacht auf emotionale Untreue: Wenn der Partner sich in eine andere Frau verliebt habe, werde er, so die Annahme der Frauen, auch eine sexuelle Verbindung anstreben.

Andersherum, wenn auch nicht so stark ausgeprägt, ist der Effekt bei Männern. Sie gehen davon aus, dass ihre Partnerinnen verliebt sein können, ohne Sex mit dem Gegenspieler zu haben. Erwischen sie ihre Partnerin allerdings mit einem anderen im Bett, halten sie es auch für wahrscheinlich, dass sie in diesen Mann verliebt ist. Diese Ergebnisse legen nahe, dass Frauen besonders verletzt sind, wenn sie von emotionaler Untreue erfahren, weil sie dann davon ausgehen, dass ihr Partner gleichzeitig auch sexuell untreu ist. Genauso wiegt für Männer die sexuelle Untreue tendenziell schwerer, weil sie automatisch zusätzlich auch eine emotionale Untreue annehmen.

Nicht nur das Geschlecht beeinflusst, welche Art von potenzieller Untreue uns rasend macht, sondern auch der Bindungsstil einer Person. Zu dieser Erkenntnis kamen Kenneth Levy und Kristen Kelly in einer Befragung von etwa 400 Personen aus New

York City. Dabei stellte sich heraus, dass Männer häufiger einen vermeidenden Bindungsstil haben, der von einer Abwehr allzu großer emotionaler Nähe geprägt ist. Frauen dagegen haben mit einer höheren Wahrscheinlichkeit einen ängstlichen Bindungsstil, der eher von der Suche nach Intimität und von Angst vor Zurückweisung geprägt ist. Dieser Bindungsstil wiederum beeinflusst auch, auf welches Verhalten Personen besonders eifersüchtig reagieren. Von den sicher und von den ängstlich gebundenen Personen reagieren 75 Prozent besonders eifersüchtig auf Anzeichen von emotionaler Untreue. Personen mit vermeidendem Bindungsstil, die eine übergroße Nähe zu ihrem Partner sowieso scheuen, empfinden dagegen Anzeichen sexueller Untreue als deutlich schwerwiegender.

Vom Elfenbeinturm zum wirklichen Leben: Eifersucht als Schutzmaßnahme

Seitensprünge lassen sich nur bedingt verhindern und werden auf lange Sicht am wirkungsvollsten durch eine hohe Beziehungszufriedenheit geschützt. Doch auch in glücklichen Beziehungen bleibt Eifersucht selten vollkommen aus. Das ist auch durchaus funktional, denn sie kann eine maßregelnde Funktion erfüllen. Im idealen Fall ist sie zurückhaltend (lässt dem Partner also weiterhin viel Freiraum), wird konkret formuliert (gibt also vor, welche Erwartungen an den Partner gesetzt werden) und ist von gegenseitigem Entgegenkommen geprägt. Auf diese Weise erreicht sie am ehesten ihr Ziel, nämlich das Hineinpurzeln in eine verführerische Situation zu verhindern.

Empfehlung zum Weiterlesen

Bauerle, Stacie Y. / Amirkhan, James H. / Hupka, Ralph B.: «An attribution theory analysis of romantic jealousy», in: *Motivation and Emotion*, Bd. 26, 2002, S. 297–319.

Buss, David M. / Larsen, Randy J. / Westen, Drew / Semmelroth, Jennifer: «Sex differences in jealousy: Evolution, physiology, and psychology», in: *Psychological Science*, Bd. 3, 1992, S. 251–255.

Harris, Christine R. / Christenfeld, Nicholas: «Gender, jealousy, and reason», in: *Psychological Science*, Bd. 7, 1996, S. 364–366.

Levy, Kenneth N. / Kelly, Kristen M.: «Sex differences in jealousy: A contribution from attachment theory», in: *Psychological Science*, Bd. 21, 2010, S. 168–173.

Tagler, Michael J.: «Sex differences in jealousy: Comparing the influence of previous infidelity among college students and adults», in: *Social Psychological and Personality Science*, Bd. 1, 2010, S. 353–360.

ATTRAKTIVITÄT ALS TUGEND?

D *as Auge isst mit, heißt es so schön. Und was für den Genuss beim Essen gilt, lässt sich auch auf die Liebe übertragen: Der perfekte Partner glänzt nämlich nicht nur mit anziehenden inneren Werten, sondern auch mit einem attraktiven Aussehen. Und was als attraktiv empfunden wird, wird erstaunlich einhellig wahrgenommen: Besonders unter Männern herrscht große Übereinstimmung hinsichtlich der Merkmale, die eine Frau zur Traumfrau machen, während Frauen nicht nur kritischer beurteilen, sondern auch unterschiedliche Maßstäbe ansetzen. Dass sich Personen von ähnlichen Reizen verführen lassen, kann zum Teil darauf zurückgeführt werden, dass der Anblick auch einen Einblick in eigentlich unsichtbare Merkmale des Menschen erlaubt. Dieser Einblick ist zwar unscharf, lässt sich aber mit einigen Tricks zum eigenen Vorteil nutzen.*

* * *

Schöne Menschen haben in vielerlei Hinsicht Vorteile. Man unterstellt ihnen automatisch eine ganze Reihe guter Eigenschaften wie Kompetenz und Intelligenz, Geselligkeit und Freundlichkeit, und sie werden infolgedessen nicht nur bei der Partnerwahl bevorzugt. Solch eine voreilige Zuschreibung positiver Charakteristiken wird auch als *Halo-Effekt* bezeichnet: Aus Mangel an Informationen wird von einer Eigenschaft (wie hier dem Äußeren) auf andere Eigenschaften (zum Beispiel die Intelligenz) geschlossen. Ganz falsch ist dieser Schluss nicht, denn tatsächlich kommen hübsche Menschen häufig mit guten Eigenschaften daher. Das lässt sich zum Teil mit einer sich selbsterfüllenden Prophezeiung erklären. Damit ist gemeint, dass die Erwartung, ein Mensch verfüge über bestimmte Eigenschaften, dazu führt, dass diese Eigenschaften bei ihm gefördert und damit verstärkt werden.

Dass hübsche Menschen einen Vorteil im Leben haben, geht einem Überblicksartikel von Gillian Rhodes zufolge vor allem auf zwei Ursachen zurück: Zum einen aktiviert der Anblick schöner Menschen Hirnbereiche, die für Belohnungsgefühle zuständig sind. Das heißt, der Kopf signalisiert, dass der Umgang mit attraktiven Menschen eine Bereicherung darstellt. Zum anderen kann gutes Aussehen hervorragende Qualitäten als Partner signalisieren. Ein attraktiver Partner wird nämlich nicht nur gern angeschaut, sondern von ihm wird auch besonders widerstandsfähiger Nachwuchs erwartet.

Rhodes zeigt auf, dass es mehr Gemeinsamkeiten als Unterschiede darin zu geben scheint, was in verschiedenen Kulturen und Ländern als schön bewertet wird. Auch stimmen schon sehr kleine Kinder mit Erwachsenen in ihren Attraktivitätsempfindungen überein. Dies spricht dafür, dass wichtige Aspekte der Attraktivität universell wahrgenommen werden und sich nicht allein aus kulturell vorgegebenen Schönheitsidealen ableiten. Schön empfunden wird ein Gesicht beispielsweise dann, wenn es wenig von der Norm abweicht, symmetrisch ist und, je nach Geschlecht, maskuline beziehungsweise feminine Züge aufweist.

Rein intuitiv würde man Schönheit eher in der Einzigartigkeit vermuten. Doch je markanter die Abweichungen vom typischen Gesicht sind, desto unattraktiver wird es im Allgemeinen wahrgenommen. Dass die Symmetrie, die in der Natur kaum perfekt ausgebildet vorkommt, als besonders attraktiv empfunden wird, lässt sich unter anderem damit erklären, dass eine gute Übereinstimmung von linker und rechter Körperhälfte gehäuft bei gesunden Menschen feststellbar ist. Es geht also um die Bevorzugung des Gesunden, das sich nicht zuletzt bei der Partnerwahl auszahlt.

Die Attraktivität von maskulinen beziehungsweise femininen Gesichtszügen geht auf den Einfluss von Sexualhormonen zurück. Testosteron beschert den jungen Männern ab der Pubertät unter anderem Bartwuchs und einen breiten Kiefer, eine Entwicklung, die bei den jungen Damen durch Östrogen gehemmt wird. Bei beiden Geschlechtern markiert diese Entwicklung auch nach außen die körperliche Reife für eine Partnerschaft. Ein besonders feminines Frauengesicht strahlt dementsprechend auch Fortpflanzungserfolg aus und ist ein wichtiges Signal an potenzielle Partner.

Ein maskulines Männergesicht wirkt dagegen auf Frauen anziehend, aber dieser Zusammenhang ist relativ schwach ausgeprägt. Denn ein allzu männliches Gesicht wird häufig mit negativen Eigenschaften assoziiert wie unerwünscht starker Dominanz. Auch ein eher feminines Männergesicht kann auf Frauen attraktiv wirken, weil es Zuverlässigkeit und Umgänglichkeit ausstrahlt. Zumindest an ihren fruchtbaren Tagen fühlen sich Frauen eher von sehr maskulin wirkenden Männern angezogen. Anscheinend signalisiert ihnen männliches Aussehen eine große Portion Testosteron, der sie unbewusst Vorteile bei einer etwaigen Befruchtung zuschreiben.

**Vom Elfenbeinturm zum wirklichen Leben:
Attraktivität wird belohnt**

Schöne Menschen haben es in vielfacher Hinsicht einfacher. Weil sie positive Charaktereigenschaften, psychische und körperliche Gesundheit und hohe Chancen auf Fortpflanzungserfolg ausstrahlen, werden sie besonders gern als Freund oder Partner ausgewählt. Tatsächlich vereinen attraktive Menschen positive Merkmale, aber das Ausmaß wird gemeinhin überschätzt. Eine geringe Attraktivität scheint dagegen tatsächlich mit einer etwas erhöhten Krankheitswahrscheinlichkeit einherzugehen. Ob eine Person dagegen durchschnittlich oder extrem überdurchschnittlich gut aussieht, liefert keine weiteren Informationen über ihre Gesundheit. Um bei einem potenziellen Partner das Belohnungssystem zu befeuern, bietet es sich für Frauen an, die femininen Gesichtsmerkmale zu betonen (volle Lippen, hohe Wangenknochen, schmales Kinn). Ein Mann dagegen kann gelassen bleiben, denn sowohl maskuline als auch feminine Gesichtsmerkmale finden ihre weiblichen Fans.

Wie sich das Aussehen auf die Attraktivitätseinschätzung von Männern und Frauen auswirkt, untersuchte auch Dustin Wood gemeinsam mit Claudia Brumbaugh. Sie zeigten mehreren tausend Personen knapp 100 Fotos und baten um eine Bewertung der Attraktivität der abgelichteten Männer und Frauen. Männer fanden besonders die Frauen attraktiv, die feminin, kurvenreich und gleichzeitig schlank, gepflegt, verführerisch und selbstsicher aussahen. Und auch Frauen bevorzugten gepflegte, verführerische und selbstbewusste Männer.

Es zeigte sich außerdem, dass Männer in ihren Ansichten zur Attraktivität weitgehend miteinander übereinstimmten. Frauen dagegen hatten vergleichsweise unterschiedliche Auffassungen darüber, was sie für attraktiv hielten. Auch waren sie deutlich kritischer in ihren Einschätzungen und Männer vergleichsweise wohlwollend. Daraus folgt, dass Frauen wenig miteinander um die Herren der Schöpfung konkurrieren müssen, da sie ohnehin sehr unterschiedliche Geschmäcker haben. Weshalb ein attraktiver Mann auch nicht ohne weiteres aus einer illustren Riege von Anwärterinnen wählen kann, da er auf Frauen kaum gleichermaßen attraktiv wirken wird.

Männer dagegen buhlen um die gleichen Frauen, müssen also vergleichsweise mehr Mühe aufbringen, um ihre Traumfrau von sich zu begeistern und von den zahlreichen anderen interessierten Männern abzuschirmen. Gleichzeitig bedeutet dies, dass Frauen mit allgemein weniger gefragten Eigenschaften damit rechnen müssen, dass romantische Avancen ausbleiben. Erfüllt eine Frau dagegen die klassischen Merkmale einer Idealfrau, dann wird sie sich vor liebestollen Männern kaum retten können.

Obwohl viele körperliche Merkmale einhellig mehr oder weniger attraktiv gefunden werden, unterscheiden sich Menschen darin, wie wichtig ihnen diese Merkmale sind. Verträgliche Männer lassen sich beispielsweise vor allem von einem Lächeln verzaubern, legen aber weniger Wert auf eine schlanke, verführerische Frau. Im Gegensatz dazu richten insbesondere extravertierte Personen ihr Augenmerk auf den Sex-Appeal eines potenziellen Partners. Obwohl es also erstaunliche Übereinstimmungen darin gibt, was als attraktiv empfunden wird, gibt es deutliche Unterschiede darin, was die Knie weich und das Herz flatterig werden lässt.

Die äußere Erscheinung spielt eine maßgebliche Rolle in unserer gegenseitigen Wahrnehmung, weshalb sich die Frage aufdrängt, welche Aussagekraft das Aussehen einer Person überhaupt hat. Genau diese Frage stellte sich auch Laura Naumann gemeinsam mit Kollegen und untersuchte, wie Menschen andere Personen aufgrund ihres Aussehens einschätzen und wie akkurat diese Schlüsse sind. Dafür fotografierte sie 123 Studierende, einmal in einer spontanen und einmal in einer genau vorgegebenen Pose. Anschließend bewertete eine erste Gruppe von Personen die äußeren Merkmale der Fotografierten, und eine zweite Gruppe gab ihren Eindruck von deren Persönlichkeit wieder. Bei den standardisierten Fotos, auf denen alle einen neutralen Gesichtsausdruck hatten und frontal in die Kamera blickten, fiel die Einschätzung der Persönlichkeit sehr schwer und gelang nur bezüglich der Extraversion zum Teil akkurat. Es war also möglich, anhand der Fotos zwischen geselligen und verschlossenen Personen zu unterscheiden. Die spontanen Fotos offenbaren dagegen deutlich mehr und vermitteln neben der Extraversion beispielsweise auch akkurate Informationen darüber, wie offen die fotografierte Person ist und wie hoch ihr Selbstwertgefühl ist.

Selbst mit einer kurzen Momentaufnahme geben wir also bereits beträchtliche Informationen über unsere Person preis. Extravertierte kleiden sich beispielsweise besonders stilvoll, lächeln viel und vermitteln Tatendrang. Das wiederum wird im Umfeld wahrgenommen, um korrekterweise auf eine hohe Extraversion zu schließen. Gleichzeitig unterliegt man bei solchen Urteilen aber auch systematischen Fehlern. Beispielsweise wird lächelnden Personen auch eine größere Offenheit für neue Erfahrungen unterstellt, obwohl dies gar kein valider Indikator für diese Persönlichkeitseigenschaft ist.

Das Wissen über solche Zusammenhänge ermöglicht eine taktische Selbstdarstellung: Möchte eine Person besonders gewissenhaft wirken, dann empfiehlt sich ordentliche Kleidung, ein

Lächeln auf den Lippen und eine schwungvolle Körperhaltung. Auch wenn diese Eigenschaften eigentlich kein Zeichen für eine hohe Gewissenhaftigkeit sind, wird zumindest das Gegenüber die gewünschten Schlüsse daraus ziehen. Neben solchen kleinen Selbstdarstellungen präferieren inzwischen nicht wenige Menschen, im wahrsten Sinne einschneidende, Veränderungen an ihrem Äußeren: Mehr als 200 000 kosmetische Eingriffe werden mittlerweile jährlich in Deutschland vorgenommen, um das eigene Aussehen zu optimieren.

Wie sich Schönheitsoperationen auf die Psyche auswirken, untersuchte Jürgen Margraf mit Kollegen. Er befragte über 500 Personen vor einer Schönheitsoperation und mehrere Male danach, insgesamt über ein Jahr hinweg. Im Vergleich zu Personen, die sich zwar auch für eine Schönheitsoperation interessierten, sie aber noch nicht vornahmen, profitierten operierte Personen in diesem Zeitraum beträchtlich von dem Eingriff. Sie waren größtenteils zufrieden mit den körperlichen Veränderungen und berichteten von einer positiveren Einstellung gegenüber sich selbst und ihrem Leben im Allgemeinen, waren zufriedener und erlebten weniger negative Emotionen.

Damit geht eine Schönheitsoperation mit vergleichsweise lang anhaltenden positiven Veränderungen im Wohlbefinden einher. Anscheinend ist eine (unnatürlich) hohe Attraktivität in einigen Lebenssituationen so ausschlaggebend, dass aus plastischen Veränderungen Vorteile gezogen werden. Dennoch können solche Befunde nicht verallgemeinert werden. Äußerlich nicht perfekte Personen sind nicht unbedingt unglücklicher mit sich und ihrem Leben. Zumindest aber legen die Ergebnisse von Margraf und Kollegen nahe, dass es für einige Menschen durchaus eine sinnvolle Investition in das eigene Wohlbefinden sein kann, der Attraktivität in dieser Weise auf die Sprünge zu helfen.

Vom Elfenbeinturm zum wirklichen Leben: Attraktivität erhöhen

Die eigene Attraktivität ist ein ständiger Begleiter und beeinflusst, wie wir auf andere wirken. Besonders Frauen unterliegen dabei einem vergleichsweise eng umgrenzten Schönheitsideal. So ist es auch nicht verwunderlich, dass es vor allem Frauen sind, die künstlich nachbessern lassen. Solche Maßnahmen können sich durchaus positiv auf das Wohlbefinden auswirken. In der Regel dürfte es aber ausreichen, die eigenen Schokoladenseiten sich selbst gegenüber und nach außen zu betonen, mit dem richtigen Styling oder auch einfach einer schwungvolleren Körperhaltung.

Empfehlung zum Weiterlesen

Margraf, Jürgen / Meyer, Andrea H. / Lavallee, Kristen L.: «Well-being from the knife? Psychological effects of aesthetic surgery», in: *Clinical Psychological Science*, Bd. 1, 2013, S. 239–252.

Naumann, Laura P. / Vazire, Simine / Rentfrow, Peter J. / Gosling, Samuel D.: «Personality judgments based on physical appearance», in: *Personality and Social Psychology Bulletin*, Bd. 35, 2009, S. 1661–1671.

Rhodes, Gillian: «The evolutionary psychology of facial beauty», in: *Annual Review of Psychology*, Bd. 57, 2006, S. 199–226.

Wood, Dustin / Brumbaugh, Claudia C.: «Using revealed mate preferences to evaluate market force and differential preference explanations for mate selection», in: *Journal of Personality and Social Psychology*, Bd. 96, 2009, S. 1226–1244.

GELEGENHEITSSEX

Sex ist meist eine prima Sache, und dennoch gibt es zahlreiche Unwägbarkeiten, die der spontanen Lust im Wege stehen. Männer halten sich jedoch vor allem die Vorteile einer solchen Liebelei vor Augen und nutzen deshalb die Gunst der Stunde häufiger. Frauen tendieren demgegenüber eher dazu, Angebote auf Gelegenheitssex auszuschlagen. Das liegt jedoch nicht daran, dass sie sich weniger dafür interessieren würden! Vertraut eine Frau nämlich auf die sexuelle Kompetenz des sich bietenden Bettgefährten, dann scheut auch sie nicht zurück vor dem kleinen Abenteuer einer gemeinsamen Nacht. Und wenn der Mann ihr dabei in Gentleman-Manier die Nacht versüßt, schnellt nicht nur die Quote der Sexzufriedenen in die Höhe, auch die nachträgliche Reue hält sich zurück. Fehlt also nur die Portion Selbstbewusstsein, um das prickelnde Vorhaben in die Tat umzusetzen.

***

Die ersten Schritte hin zur wissenschaftlichen Betrachtung des Gelegenheitssexes wagte Russel Clark (später in Begleitung von Elaine Hatfield) Ende der 1970er Jahre. Es war die Zeit, in der Aids noch kein Argument gegen unverbindlichen Sex und die Pille bereits so verbreitet war, dass Schwangerschaften zuverlässig planbar wurden. In dieser Zeit wagte sich Clark mit seinen Studierenden an einen Disput über Geschlechtsstereotypen. Für

Frauen, so sein Argument, genüge ein Wink, und sie hätten jeden beliebigen Mann um den Finger gewickelt. Für Männer dagegen stelle jeglicher Versuch einer Eroberung ein beinahe aussichtsloses Unterfangen dar.

Um die emotional hitzige Debatte über angebliche und tatsächliche Geschlechterunterschiede auf empirische Beine zu stellen, schickte Clark seine Studierenden zum Selbstversuch. Fünf Studentinnen und vier Studenten kamen dem nach und sprachen unbekannte Personen des jeweils anderen Geschlechts an, die sie als so attraktiv empfanden, dass sie mit ihnen, hätten sie die Gelegenheit dazu, tatsächlich ins Bett gehen würden (was im Ergebnis auf insgesamt 48 Männer und 48 Frauen zutraf). Der Kontakt sollte, zur besseren Vergleichbarkeit, standardisiert mit folgenden Sätzen aufgenommen werden: «Du bist mir in der Nähe des Campus aufgefallen. Ich finde dich sehr attraktiv.» Anschließend sollten die Studierenden fragen, ob die angesprochene Person entweder mit ihnen ausgehen, abends zu ihnen ins Apartment kommen oder mit ihnen ins Bett gehen würde.

Die Hälfte der angesprochenen Männer und Frauen nahm das Angebot auf ein Date an – keine schlechte Quote für ein so unerwartetes Angebot. Allerdings waren Frauen weder bereit, den Weg zum Apartment einzuschlagen, noch, sich auf sofortigen Sex einzulassen. Männer waren dagegen sehr offen für die sich plötzlich bietende Gelegenheit: 70 Prozent von ihnen nahmen sowohl die Einladung ins Apartment als auch ins Bett bereitwillig an. Das waren sogar mehr Männer als solche, die sich auf ein Date einlassen würden!

Auch eine exakte Wiederholung des Experiments im Jahr 1982 konnte an den Ergebnissen nicht rütteln. Dabei zeigte sich auch, dass die Männer dem Angebot der draufgängerischen Fremden entweder schlagfertig zustimmten («Warum müssen wir bis heute Abend warten?») oder einer Abfuhr eine Entschuldigung nachschoben. Die befragten Frauen dagegen reagierten mit entsetzter Ablehnung. Es scheint, als sollte Clark recht behalten und als sei es tatsächlich ein Leichtes für Frauen, eine Affäre zu beginnen, während sich Männer deutlich schwerer damit tun, eine solche anzustoßen. Doch warum dieser Unterschied, warum löst diese beherzte Frage bei den Männern Begeisterung aus und führt bei den Frauen zu Abwehrhaltungen?

Mehrere Jahrzehnte später fand Terri Conley eine Antwort darauf. Sie lud dazu ihre Versuchspersonen ins Labor und bat sie, sich in die Situation aus der Studie von Clark und Hatfield hineinzuversetzen: 82 Prozent der befragten Frauen gaben auch hier an, unter keinen erdenklichen Umständen auch nur in Betracht zu ziehen, der Einladung ins Bett zu folgen. Dagegen zeigten sich wieder etwa 70 Prozent der Männer entschlossen, das Angebot anzunehmen. Die maßgebliche Ursache für diesen großen Geschlechterunterschied liegt nicht, wie auf den ersten Blick naheliegt, an den abweisenden Frauen und den offenherzigen Männern, sondern daran, wer das Angebot unterbreitet. Zu diesem Ergebnis kommt zumindest Conley in ihren zahlreichen Studien: Frauen werden als wenig gefährlich wahrgenommen und strahlen gleichzeitig bessere sexuelle Fähigkeiten aus als Männer. In dieser Einschätzung sind sich Männer wie Frauen, Hetero- wie Bisexuelle einig. Den Frauen war also eher zuzutrauen, dass sie ihre Bettgefährten zum Höhepunkt bringen als umgekehrt. Aus diesem Blickwinkel ist es nur plausibel, dass sich Frauen nicht auf das Risiko einlassen, mit einem potenziell gefährlichen Mann voraussichtlich schlechten Sex zu haben.

Männer sind in Bezug auf Gelegenheitssex oftmals deutlich zuversichtlicher, was auch ein weiteres eindrückliches Experiment deutlich macht. In diesem wurden Personen danach befragt, ob sie auf das Angebot für Gelegenheitssex vonseiten einer mehr oder weniger attraktiven Berühmtheit eingehen würden. Frauen würden bei einem solchen Angebot ebenso zuschlagen, wenn es sich um einen attraktiven Mann (Johnny Depp) handelt, wie Männer zu Gelegenheitssex mit einer attraktiven Frau (Angelina Jolie) bereit wären. Von einer unattraktiven Berühmtheit (Donald Trump beziehungsweise Roseanne) würden Frauen, genauso wie Männer, ein solches Angebot ablehnen. Der große Unterschied zwischen den Geschlechtern tut sich erst bei Herrn und Frau Unbekannt auf.

Die Frage nach einer gemeinsamen Nacht vonseiten einer unbekannten Frau führte bei Männern zu den gleichen Reaktionen wie vonseiten einer hochattraktiven Frau, in diesem Fall Jennifer Lopez. Bei Frauen weckte das Angebot eines unbekannten Mannes dagegen das gleiche Interesse wie die Aussicht auf eine gemeinsame Nacht mit einer unattraktiven Person, in diesem Fall Carrot Top. Männer gehen auf die Avancen einer Unbekannten also mit deutlich optimistischeren Erwartungen ein. Gleichzeitig zeigt dieses Ergebnis, dass Frauen mitnichten weniger an Sex interessiert sind oder sich weniger für Gelegenheitssex begeistern, sie sind nur deutlich verhaltener in ihrer Hoffnung auf einen sexuellen Höhepunkt mit einem attraktiven Mann.

Vom Elfenbeinturm zum wirklichen Leben:
Guter Sex allseits begehrt

Sex wird sowohl von Männern wie auch Frauen begehrt, aber sich bietende Gelegenheiten ergreifen sie nicht gleichermaßen. Männer lassen sich für ein solches Unterfangen deutlich leichter gewinnen, während Frauen sich diesbezüglich sehr zurückhaltend zeigen. Das liegt jedoch nicht an Prüderie, Frauen schätzen dabei vielmehr ihre Chancen auf guten Sex bedeutend geringer ein. Ein gutaussehender Mann mit überzeugenden sexuellen Qualitäten hat bei Frauen dagegen sehr gute Chancen auf ein unverfängliches Abenteuer. Das bedeutet: Frauen sollten sich bei solchen Angeboten fragen, ob sie übertrieben pessimistisch sind und die Aussicht auf einen Höhepunkt nicht doch vielversprechend ist. Männer punkten bei einer frivolen Anmache infolgedessen vor allem, wenn sie der Frau Hoffnung auf sexuelle Zufriedenheit machen.

Da Gelegenheitssex, sofern vielversprechend, für Männer wie Frauen reizvoll ist, stellt sich als Nächstes die Frage danach, wie sich am ehesten die günstige Gelegenheit dafür finden lässt. Einer klassischen Studie von James Pennebaker und seinen Kollegen zufolge dürften die Chancen besonders hoch in einer Bar kurz vor Thekenschluss sein. Denn zu diesem Zeitpunkt sehen die verbliebenen Gäste besonders attraktiv aus. Aber der Reihe nach: James Pennebaker und seine Kollegen ließen sich von Mickey Gilley's Beobachtung *«Don't the girls all get prettier at closing time»* inspirieren und überprüften dessen musikalische Mutmaßung.

Dafür gingen drei Forscherteams in drei Bars und befragten die Gäste nach ihrer Einschätzung der Attraktivität der anderen Anwesenden. Eine erste Befragung führten sie um 21 Uhr durch, eine zweite um 22:30 Uhr und schließlich eine dritte um Mitternacht. Je später der Abend und je näher der Thekenschluss, desto attraktiver wirkten die Damen auf die Herren und die Herren auf die Damen. Die Einschätzung der Attraktivität der Personen des gleichen Geschlechts bleibt von der Uhrzeit jedoch unbeeinflusst.

Aber wie kommt es, dass die potenziellen Partner im Laufe des Abends immer schöner werden, wenn sie in den Augen ihrer Geschlechtsgenossen doch gleichbleibend attraktiv bleiben? Pennebaker und seine Kollegen begründen dies mit schlichter Schönrederei: Wenn ein Nachtschwärmer mit einer der anwesenden Personen im Bett landen möchte, dann ist es für sein Ego, sein Wohlbefinden und als Rechtfertigung seines Bedürfnisses nur plausibel, sich eine besonders attraktive Person zu angeln. Da sich an der tatsächlichen Attraktivität nicht rütteln lässt, ist es nur rational, sich die potenzielle Eroberung schönzusehen.

Die Wirkung auf das andere Geschlecht wird also mit fortschreitender Stunde positiver, was nach den vorgestellten Studien auch zu einer höheren Wahrscheinlichkeit führt, jemanden zum Gelegenheitssex zu begeistern. Doch selbst bei realistischen Chancen zieren sich einige Menschen mehr und andere weniger davor, den ersten Schritt zu machen. Denn es muss schließlich abgewogen werden zwischen dem Wunsch, einen hinreißenden Partner für sich zu gewinnen, und dem Wunsch, eine Abfuhr zu vermeiden. Menschen unterscheiden sich darin, wie sie diesen Konflikt für sich auflösen. Einige wittern überall ihre Chance und stecken Rückschläge locker weg, andere ziehen sich aus Angst einsam in ihr Schneckenhaus zurück.

Wer sich wann was zutraut, dieser Frage ist Jessica Cameron mit Kolleginnen nachgegangen. Sie baten 48 Studierende darum, von ihrem Verhalten bei ihrer letzten Abfuhr zu berichten. Es stellte sich heraus, dass Frauen mit einem hohen Selbstwertgefühl – die eine positive Selbstsicht haben – sehr direkt vorgingen, um den umschwärmten Mann von sich zu überzeugen. Zum Beispiel sagten sie ihm geradeheraus, dass sie ihn mögen würden, flirteten offensiv oder baten ihn um ein Date. Frauen mit einem geringen Selbstwertgefühl waren deutlich zurückhaltender und warteten darauf, vom Mann ihrer Träume entdeckt zu werden. Auch Männer mit einem geringen Selbstwertgefühl schreckten davor zurück, offensiv ihr Glück zu versuchen, zumindest wenn ihnen die Situation des Ansprechens gewagt vorkam, ein Umstand, der wiederum Männer mit höherem Selbstwertgefühl darin bestärkte, offensiv vorzugehen.

Ist die gegenseitige Anziehungskraft auch noch so groß, steht dem Gelegenheitssex also in vielen Fällen die Schüchternheit im Weg. Aber vielleicht hat das auch seinen Vorteil und verhindert, im Nachhinein bereuen zu müssen, eine Gelegenheit unbedacht ergriffen zu haben? Der Frage, wie sich Gelegenheitssex auf den nächsten Morgen auswirkt, ging Justin Garcia mit Kollegen in einer umfangreichen Überblicksstudie nach. Danach überschätzen nämlich viele die Annehmlichkeiten des Gelegenheitssexes. Besonders überschätzen Männer den Genuss, den Frauen bei dieser unverbindlichen Variante der gemeinsamen Nacht erleben. Auch gibt etwa jeder Dritte an, das Abenteuer anschließend entweder zu bereuen oder enttäuscht darüber zu sein. Männer bereuten vor allem, ihre Bettgefährtin benutzt zu haben, während Frauen passenderweise vor allem beklagten, sich benutzt zu fühlen. Vor allzu viel Leidwesen schützt vor allem (a) sehr guter Sex, (b) mehr als eine gemeinsam verbrachte Nacht und (c) gegenseitiges Kennen von länger als 24 Stunden vor dem Sex.

Doch wie gut ist der Sex mit einem Unbekannten? Bei den Männern kommen, zumindest beim ersten Gelegenheitssex, nur etwa 30 Prozent zum Höhepunkt, bei den Frauen sind es sogar nur 10 Prozent. Die geringe Zufriedenheit der Frau lässt sich zum Teil damit erklären, dass Männer in solchen Situationen vergleichsweise wenig Aufmerksamkeit in die Geliebte investieren und beispielsweise wenig spendabel beim Oralsex sind. Darüber hinaus wünscht sich etwa die Hälfte der Beteiligten eigentlich eine feste Beziehung mit dem Kurzzeitpartner, auch wenn vielen bewusst ist, dass das eine unrealistische Hoffnung ist. Entwickelt sich aus dem Rendezvous doch eine Beziehung, dann gehört sie übrigens bedauerlicherweise meist zu den unglücklicheren.

Vom Elfenbeinturm zum wirklichen Leben: Gelegenheitssex genießen

Obwohl doch eigentlich verpflichtungslos (oder gerade deshalb), hadert nach dem Gelegenheitssex ein nicht unbedeutender Anteil der Personen damit. Die Mehrzahl der Involvierten profitiert jedoch von der vorübergehenden Zweisamkeit. Dabei gilt: Insbesondere wenn der Sex gut war, bietet sich eine Wiederholung an. Das bringt ein weiteres Mal Hochgefühle und schützt auch davor, das Einmalige zu bereuen. Allerdings ist Vorsicht angeraten: Erfolgversprechende Beziehungen entwickeln sich aus solchen Bettgeschichten selten, weshalb es wenig ratsam ist, dabei sein Herz an den anderen verlieren.

Empfehlung zum Weiterlesen

Cameron, Jessica J. / Stinson, Danu A. / Wood, Joanne V.: «The bold and the bashful: Self-esteem, gender, and relationship initiation», in: *Social Psychological and Personality Science*, Bd. 4, 2013, S. 685–691.

Clark III, Russell D. / Hatfield, Elaine: «Gender differences in receptivity to sexual offers», in: *Journal of Psychology & Human Sexuality*, Bd. 2, 1989, S. 39–55.

Conley, Terri D.: «Perceived proposer personality characteris-

tics and gender differences in acceptance of casual sex offers»,
in: *Journal of Personality and Social Psychology*, Bd. 100, 2011,
S. 309–329.

Garcia, Justin R. / Reiber, Chris / Massey, Sean G. / Merriwether, Ann M.: «Sexual hookup culture: A review», in: *Review of General Psychology*, Bd. 16, 2012, S. 161–176.

Pennebaker, James W. et al.: «Don't the girls get prettier at closing time: A country and western application to psychology», in: *Personality and Social Psychology Bulletin*, Bd. 5, 1979, S. 122–125.

SPEED-DATING: DER SCHNELLE WEG ZUM LIEBESGLÜCK?

E s ist doch spannend, dass man heutzutage reden können muss, um Sex zu haben.» So wird es, von männlicher Seite, resigniert beim Speed-Dating im Film «Shoppen» festgestellt. Tatsächlich hält das Speed-Dating einige Herausforderungen bereit. Sich an einem Abend einer Vielzahl von potenziellen Partnern zu widmen, mag auf den ersten Blick wie eine effiziente Möglichkeit der Partnerwahl scheinen. Aber nicht alle Menschen profitieren von dieser Fließbandverkuppelung gleichermaßen. Doch wer hat beim Speed-Dating die besten Chancen, wie lässt sich der Flirterfolg erhöhen, und in welchem Fall ist ein gemütlicher Abend in der Bar erfolgversprechender?

* * *

Beim Speed-Dating lässt sich an einem Abend im Idealfall eine ganze Bandbreite bindungswilliger Singles auf Beziehungstauglichkeit prüfen – und das ganz ohne das wenig beliebte Ansprechen fremder Personen oder langatmige Treffen mit potenziellen Partnern, die sich nach wenigen Minuten als nicht passend entpuppen. Wem es also an Gelegenheiten oder Mut mangelt, bei interessanten Mitmenschen im Alltagstrubel ein aufregendes Knistern auszulösen, für den scheint das Speed-Dating eine lukrative Alternative.

Für den Erfolg beim Speed-Dating stehen zwei Fragen im Mittelpunkt: Wird einem bei den kurzen Dates ein passender Partner gegenübersitzen? Und wenn ja, wie lässt sich dann in wenigen Minuten vermitteln, dass man selbst die passende zweite Hälfte ist? Diesen Fragen gingen Robert Kurzban und Jason Weeden in einer der ersten psychologischen Speed-Dating-Studien nach. Zusammen mit HurryDate, einer New Yorker Dating-Agentur, beobachteten sie das Verhalten von über 10 000 Personen beim Speed-Dating. Diese konnten an verschiedenen Abenden bis zu 25 potenzielle Partner kennenlernen, waren typischerweise Mitte 20 bis Mitte 40, bisher nicht verheiratet und hatten keine Kinder (wünschten sich aber welche).

Sobald sich bei einem Date beide Partner aneinander interessiert zeigten, wurden die Kontaktinformationen ausgetauscht und der Zugriff auf ein Online-Profil mit zusätzlichen Informationen freigeschaltet. Durchschnittlich erhielt ein Mann von etwa jeder dritten Frau solche Interessensbekundungen und eine Frau sogar von jedem zweiten Mann. In Anbetracht dieser großen Trefferzahl scheint es sich beim Speed-Dating also eher um ein grobes Screening-Verfahren zu handeln, bei dem die Teilnehmenden vorerst wenig wählerisch vorgehen.

Das Interesse von Frauen an Männern wird – so konnten Kurzban und Weeden, die sich hauptsächlich auf äußere Merkmale beschränkten, zeigen – besonders von der Figur beeinflusst. Schlaksige und runde Männer erhielten deutlich weniger Kontaktanfragen als kräftige Männer mit Durchschnittsgewicht. Bei einer durchschnittlichen Größe von 1,79 Metern entsprach das einem Idealgewicht von etwa 80 Kilogramm. Außerdem bevorzugten Frauen große und attraktive Männer. Und auch die Männer, die zukünftig gern Kinder haben wollten, weckten bei den Frauen besonders viel Interesse.

Die Beliebtheit von Frauen ist vor allem an ihr Körpergewicht gekoppelt: Je schlanker eine Frau ist, desto mehr Männer zeigen sich an ihr interessiert. Im Vergleich zur Figur spielte die Attraktivität eine deutlich geringere Rolle. Männer wie Frauen fühlten sich außerdem zu Personen gleicher Größe und Hautfarbe sowie zu Personen mit ähnlichen Beziehungserfahrungen (die beispielsweise auch bereits verheiratet waren oder Kinder hatten) hingezogen.

Vergleichsweise schwer ließ sich übrigens das Interesse von Teilnehmern mit guter Figur und hoher Attraktivität wecken, was kaum überraschend ist, da sie besonders viele Anfragen erhalten und dementsprechend den Vorteil einer größeren Auswahl ausspielen können. Auch gut situierte Personen traten wählerischer auf, obwohl ein hohes Einkommen auf das andere Geschlecht weder anziehend noch abschreckend wirkte. Sie schränkten damit ihre Chancen auf einen Match, also eine Passung von eigenen und entgegengebrachten Interessenbekundungen, erheblich ein.

Doch glücklicherweise sind beim Speed-Dating nicht nur äußerliche Merkmale von Bedeutung. Anderenfalls wäre ein Abend voller Smalltalk auch kaum ergiebiger, dafür aber zeit- und energieraubender, als das Durchblättern von Fotos potenzieller Partner. Shanhong Luo und Guangjian Zhang untersuchten zahlreiche psychologische Merkmale und ihren Einfluss auf den Erfolg beim anderen Geschlecht. Dafür beobachteten sie etwas mehr als 100 Studierende beim Speed-Dating und konnten zudem zahlreiche Informationen über deren Interessen, Werte und Persönlichkeit auswerten.

Wie zu erwarten, bevorzugten Männer auch in dieser Studie vor allem schlanke und attraktive Frauen, aber auch solche, die sportlich interessiert waren und selbstbewusst auftraten. Auch berücksichtigten sie bei ihrer Wahl Eigenschaften, die sich als sehr relevant für eine glückliche Beziehung herausgestellt haben, und favorisierten zum Beispiel emotional stabile, gesellige, verträgliche und gewissenhafte Frauen. Sie schätzten außerdem Frauen, die wenig ängstlich in Beziehungen sind und generell wenig negative Emotionen erleben. Diese Ergebnisse verdeutlichen, dass sich Männer nicht nur auf ihr Auge verlassen, sondern auch weniger offensichtliche, für eine Beziehung jedoch wichtige Eigenschaften der Frauen in ihre Wahl einfließen lassen. Anders die Frauen in dieser Studie: Sie ließen sich vor allem von attraktiven, sportlichen Männern den Kopf verdrehen und maßen weniger oberflächlichen Eigenschaften kaum Bedeutung bei.

Wie man sich bei einem Speed-Dating-Event in Deutschland darstellen sollte, um möglichst viele Herzen zu erobern, untersuchte Jens Asendorpf mit Kollegen. Dafür lud er fast 400 Singles zwischen 18 und 54 Jahren verteilt über insgesamt 17 Wochenendnachmittage in ein eigens dafür hergerichtetes Speed-Dating-Labor an der Humboldt-Universität zu Berlin ein. Jeder Teilnehmer erhielt dort die Möglichkeit, bis zu 14 andere Singles ähnlichen Alters kennenzulernen. Immerhin jeder achte Single konnte bereits mit Erfahrung beim Speed-Dating aufwarten (hielt aber anscheinend, obwohl bisher auf diesem Wege nicht fündig geworden, dennoch weiterhin am Speed-Dating fest).

Die Studie von Asendorpf und Kollegen ergab, dass Teilnehmer durchschnittlich das Interesse von etwa vier Dating-Partnern weckten. Das entspricht etwa jeder dritten gedateten Person. Gegenseitiges Interesse flammte jedoch meist nur bei ein oder zwei dieser Dates auf. So waren durchschnittlich mehr als acht Dates notwendig, um auf eine Person mit Potenzial auf ein Wiedersehen zu treffen. Und bei immerhin 40 Prozent der Speed-Dating-Teilnehmer blieb das gegenseitige Interesse sogar ganz aus.

Ein Blick auf die Personen, die beim anderen Geschlecht besonders viel Erfolg hatten, ergibt, dass Figur und Attraktivität für Männer und Frauen gleichermaßen wichtig waren. Darüber hinaus verließen sich die deutschen Single-Männer, im Gegensatz zu den amerikanischen Single-Männern, kaum auf zusätzliche Merkmale der Frauen, sodass ihre Entscheidung für oder gegen ein Wiedersehen ausschließlich auf diesen oberflächlichen Merkmalen basierte.

Deutsche Frauen dagegen nutzten deutlich vielfältigere Kriterien bei der Partnerwahl, ganz im Gegensatz zu den Single-Frauen aus den USA. Sie wurden dann auf Männer aufmerksam, wenn diese offen für neue Erfahrungen, gebildet und gut situiert sowie nicht schüchtern waren. Interessanterweise ließ es das weibliche Herz auch höher schlagen, wenn der Mann eine soziosexuelle Einstellung hatte, also auch durchaus für sexuelle Abenteuer außerhalb einer festen Partnerschaft zu haben war. Dass Frauen sich davon begeistern lassen, lässt sich eventuell damit erklären, dass diese Männer selbstsicher und erfahren wirkten. Eine Präferenz für solche Männer dürfte allerdings kontraproduktiv sein, wenn es, wie es bei den meisten Speed-Dating-Teilnehmern der Fall war, um die Suche nach einer dauerhaften Beziehung ging.

Funkte es beim Speed-Dating beiderseitig, fand ein Wiedersehen dennoch in nur etwa 40 Prozent der Fälle statt, und auch da ging es nicht um die große Liebe. Das wird daran deutlich, dass es im Laufe der folgenden zwölf Monate nur bei 6 Prozent aller Teilnehmer zu einer sexuellen Affäre kam. Dies war dann umso wahrscheinlicher, wenn der Mann ein ausgeprägtes Interesse an einem kurzen Abenteuer hatte. Eine feste Partnerschaft dagegen entwickelte sich bei nur etwa 4 Prozent der Teilnehmer, und zwar besonders dann, wenn die Frau ein ausgeprägtes Interesse an einer Beziehung hatte.

Insgesamt zeigt sich also, dass trotz der über 2000 Dates schätzungsweise nur (oder immerhin?) acht Beziehungen entstanden. Asendorpf und seine Kollegen zweifeln in ihrer Studie deshalb den Nutzen des Speed-Datings an und rechnen vor: Wenn die Teilnahme am Speed-Dating etwa 30 Euro und drei Stunden Zeit kostet, dann würde es durchschnittlich ganze 750 Euro und 75 Stunden Lebenszeit kosten, über das Speed-Dating einen Partner für eine ernsthafte Beziehung zu finden. Zumindest in Berlin (vielleicht weniger in München) ließe sich für diesen Betrag eine Unmenge an Abenden in Bars mit einer noch weit größeren Anzahl an potenziellen Partnern finanzieren.

Vom Elfenbeinturm zum wirklichen Leben:
Wer von Speed-Dates profitiert

Die Hoffnung beim Speed-Dating besteht darin, innerhalb kürzester Zeit möglichst viele potenzielle Partner kennenzulernen. Der Preis für dieses Ziel sind mehrere aufregende Stunden unter Dauerstrom. Und möglicherweise Ernüchterung im Nachhinein. Denn wirklich vielversprechend ist die Anzahl der aus dem Speed-Dating erwachsenen Beziehungen nicht. Auch ist das ausschlaggebende Erfolgskriterium beim Speed-Dating das Aussehen, doch die meisten Menschen benötigen vermutlich keine drei bis fünf Minuten, um anhand des Aussehens den potenziellen Traumpartner zu identifizieren. Für differenziertere Entscheidungen würde jedoch deutlich mehr Zeit benötigt, als diese Form des Datings bieten kann.

Personen mit One-Night-Stand-Ambitionen sind mit hoher Sicherheit erfolgreicher auf konventionellem Wege: in einer gemütlichen Kneipe oder hämmernden Disco mit Alkohol im Blut und zu später Stunde. Personen auf der Suche nach der Liebe fürs Leben sind dann beim Speed-Dating erfolgreich, wenn sie die klassischen Kriterien (zum Beispiel gutes Aussehen und Selbstbewusstsein) erfüllen. Gerade diesen Personen wird es aber auch ohne Speed-Dating nicht allzu schwerfallen, einen Partner zu finden. Diejenigen, die von dem Format des Speed-Datings intuitiv am meisten profitieren sollten (zum Beispiel die Schüchternen und erst auf den zweiten Blick interessant Aussehenden), bleiben auch nach dreiminütigen Dates wenig beachtet.

Die positiven Seiten der eigenen Person lassen sich, wie Paul Eastwick und Kollegen zeigen konnten, mit Hilfe einiger Verhaltensweisen unterstreichen. Zu diesem Schluss kamen sie bei der Analyse von Speed-Dates: Aus über 1000 dieser Dates wählten sie 20 aus, die besonders gut und 20, die besonders unbeholfen abliefen. Die vierminütigen Videos wurden in jeweils etwa 150 Sequenzen unterteilt und anschließend genau unter die Lupe genommen. Dabei zeigte sich: Dates, bei denen alles wie am Schnürchen lief, waren von Warmherzigkeit geprägt. Dies zeigte sich beispielsweise darin, dass aktiv über die Zuneigung zu dem jeweils anderen gesprochen, positiv aufeinander reagiert wurde (beispielsweise mit einem Lachen) sowie auf Aussagen des anderen eingegangen wurde, anstatt diese zu übergehen.

Auch zeichneten sich gut laufende Dates dadurch aus, dass das Interesse vor allem dem Dating-Partner galt. Die Personen sprachen also weniger über sich selbst, sondern gingen besonders stark auf ihr Gegenüber ein. Wenn sie über sich redeten, dann gaben sie persönliche Informationen preis und vermieden es, im Gespräch die Unterschiede zu dem potenziellen Partner herauszustellen, was aber nicht bedeutete, dass sie ausschließlich Zustimmung zeigten. Vielmehr verlief ein Date besonders dann gut, wenn sich beide Personen aktiv am Gesprächsverlauf beteiligten. Im Gegensatz dazu waren holprig verlaufende Dates vor allem von Coolness und Oberflächlichkeit geprägt.

Dass es wahre Wunder wirkt, seine Zuneigung zu zeigen, fanden auch Luo und Zhang in ihrer Studie: Oftmals geht die Zuneigung beim Speed-Dating lediglich von einer Person aus, es kommt also kaum zu Reziprozität. Dies ändert sich jedoch schlagartig, wenn Personen nachträglich erfahren, welche Dating-Partner Interesse an ihnen gezeigt haben. In diesem Fall nimmt ihre Zuneigung plötzlich zu, was darauf hindeutet, dass wir uns in unserer Sympathie für eine Person stark davon leiten lassen, wie sehr wir dieser Person gefallen. In einem nur wenige Minuten andauernden Date kann diese Information aber anscheinend zu wenig ausgetauscht werden.

Die eigene Zuneigung zu zeigen ist demzufolge ein probates Mittel, um potenzielle Partner für sich zu interessieren. Vorsicht ist jedoch angeraten, wenn es um die Interpretation der vom Dating-Partner empfangenen Zuneigung geht. Diesen Schluss legen Analysen von Mitja Back und Kollegen nahe, die ebenfalls Daten der Berliner Speed-Dating-Studie nutzten. Sie untersuchten, wie stark bei einem Date geflirtet wurde, und kamen zu dem erstaunlichen Ergebnis, dass sowohl Männer als auch Frauen zwar davon ausgehen, dass ihre Zuneigung erwidert wird, sie diese Reziprozität jedoch stark überschätzen. Begründen lässt sich diese Fehleinschätzung mit dem Flirt-Verhalten. Denn eine Person, die allgemein zum Flirten neigt, wird auch häufig angeflirtet und gilt deshalb bei vielen Speed-Datern als aussichtsreicher potenzieller Partner. Dies verrät aber noch kaum etwas über ihr tatsächliches Interesse am Gegenüber und an einem Wiedersehen mit ihm. Dieses kontraintuitive Ergebnis lässt sich zum Teil damit erklären, dass attraktive Personen mehr flirten, gleichzeitig auch mehr angeflirtet werden und beliebter sind, sich selbst aber vergleichsweise wählerisch verhalten, also Chancen auf weitere Dates ausschlagen.

Vom Elfenbeinturm zum wirklichen Leben:
Von Speed-Dates profitieren

Versucht man sich am Speed-Dating, ist eine Empfehlung, besonders wählerisch vorzugehen. Wann hat man schon mal die Chance, zahlreiche mögliche Partner anzutesten, und warum sollte man sich mit weniger als dem Optimum begnügen? Zumindest behält das Speed-Dating am ehesten seinen Speed-Charakter bei, wenn man sich auf die Crème de la Crème beschränkt und sich nicht in zeitraubender Wahllosigkeit verliert. Allerdings ist so das Risiko beträchtlich, dass letztendlich aus keinem der Dates eine Liebschaft entsteht. Die konträre Strategie, nicht wählerisch zu sein und Interesse an jedem der Speed-Dates zu bekunden, mag insofern auch keine ganz schlechte Idee sein, bedenkt man, dass die eigene Leidenschaft gerade dadurch auflodern kann, dass man von einer anderen Person als interessant und potenziell passend eingeschätzt wird. Siegessicher können sich, wie zu erwarten, die Schönen ins Speed-Dating stürzen, doch nicht immer ist ein Abend mit Dates im Akkord die optimale Flirt-Szenerie. Die Wahrscheinlichkeit auf ein Date ist in vielen Fällen geringer als im Lieblingscafé, bei der Lesung des Lieblingsautors oder auf dem Konzert der Lieblingsband. Diese Art der Vorselektion von Menschen mit ähnlichen Interessen steigert die Grundquote an potenziell passenden Partnern nämlich bereits beträchtlich. Doch gleichgültig ob beim Speed-Dating oder andernorts, fest steht: Im Gespräch Interesse am Gegenüber zu zeigen, anstatt vor allem sich selbst ins rechte Licht zu rücken, Nachfragen zu stellen, zustimmend zu nicken, Blickkontakt zu suchen und zugewandt zu lächeln, macht dem attraktiven Selbstdarsteller gefährliche Konkurrenz.

Empfehlung zum Weiterlesen

Asendorpf, Jens B. / Penke, Lars / Back, Mitja D.: «From dating to mating and relating: Predictors of initial and long-term outcomes of speed-dating in a community sample», in: *European Journal of Personality*, Bd. 25, 2011, S. 16–30.

Back, Mitja D. et al.: «Why mate choices are not as reciprocal as we assume: The role of personality, flirting and physical attractiveness», in: *European Journal of Personality*, Bd. 25, 2011, S. 120–132.

Eastwick, Paul W. / Saigal, Seema D. / Finkel, Eli J.: «Smooth operating: A structural analysis of social behavior (SASB) perspective on initial romantic encounters», in: *Social Psychological and Personality Science*, Bd. 1, 2010, S. 344–352.

Kurzban, Robert / Weeden, Jason: «HurryDate: Mate preferences in action», in: *Evolution and Human Behavior*, Bd. 26, 2005, S. 227–244.

Luo, Shanhong / Zhang, Guangjian: «What leads to romantic attraction: Similarity, reciprocity, security, or beauty? Evidence from a speed-dating study», in: *Journal of Personality*, Bd. 77, 2009, S. 933–963.

ER LIEBT MICH, ER LIEBT MICH NICHT ...

Die Unsicherheit ist eine verlässliche Begleiterin in einer frischen Liebe. Sie lässt die Gedanken um den neuen Partner kreisen und beschert so die eine oder andere schlaflose Nacht. Aber was ist hier empfehlenswert: Unnahbarkeit zu demonstrieren oder doch besser die Zuneigung zu zeigen? Viele Ratgeber empfehlen, insbesondere den Frauen, Zurückhaltung zu wahren und auf die Eroberung zu warten. Gleichzeitig heißt es jedoch, der offene Umgang mit den eigenen Gefühlen sei eine Grundvoraussetzung für eine vielversprechende Beziehung. Wissenschaftliche Studien können diesen Widerspruch auflösen und zeigen, dass Zurückhaltung die Chancen beim potenziellen Partner mindert. Einzige Ausnahme: Sind sich beide Beteiligte über das gegenseitige Interesse aneinander bewusst (nur nicht über das volle Ausmaß), profitiert eine aufkeimende Beziehung vom Zustand der Unsicherheit.

***

«Playing hard to get» nennt sich das Spiel, bei dem die Frau ihr abgeklärtes Desinteresse heuchelt und der Mann mit seinem gesamten Repertoire an Charme und Überzeugungskraft aufwarten muss, um der zukünftigen Lieblingsliebsten ein Lächeln abzuringen. Diese schwer zu durchschauende Taktik wurde früher häufig empfohlen, vermutlich um zu vermeiden, als billige Notlösung oder zeitweiliges Betthäschen zu enden. Denn, so die Annahme der Küchenpsychologie, unnahbare Frauen wirken wählerisch und deshalb besonders wertvoll, und das wiederum soll den Eroberungsinstinkt der Männer wecken. Dagegen solle ein Mann bei einer leicht zu erobernden Frau wachsam sein, da sie möglicherweise so verzweifelt auf der Suche nach einem Partner sei, dass sie sich wahllos und Hals über Kopf in jede Affäre stürzt.

Diese Strategie geht jedoch meist nicht auf, wie Elaine Walster mit Kollegen zeigte. In einer Reihe klassischer Studien zeigte sie eindrücklich, dass es meist keinerlei wertsteigernden Eindruck bei Männern macht, wenn Frauen sich als schwer zu haben darstellen. Im Gegenteil: Es ist sogar eher mit sinkendem Interesse vonseiten der Männer zu rechnen. Zurückhaltung schmälert also die Chancen bei potenziellen Partnern. Stattdessen deckten Walster und Kollegen eine deutlich vielversprechendere Strategie auf.

Zur Überprüfung ihrer Annahmen baten sie 71 männliche Studierende um die Teilnahme an einem Experiment, das vorgeblich die Überprüfung eines Matching-Verfahrens zum Thema hatte. Den jungen Männern wurden Profile mit Informationen zu fünf Frauen vorgelegt, die – so das Matching – mehr oder weniger gut zu ihnen passen würden. Zusätzlich zu den Profilen der Single-Frauen erhielten die Männer beiläufig Informationen darüber, wie interessiert die Frauen an ihnen selbst und ihren männlichen Konkurrenten waren.

Was die Männer nicht wussten: Es handelte sich dabei um eine Coverstory, und es gab weder ein Matching-Verfahren noch interessierte Single-Frauen. Stattdessen erhielt jeder Mann die gleichen Informationen zu den gleichen hypothetischen Frauen. Eine dieser vorgeblichen Single-Frauen ließ sich, das ergaben die vorgelegten Informationen, für keinen der Männer begeistern, war also schwer zu haben. Eine weitere Frau war von allen Männern ähnlich stark begeistert, und eine dritte zeigte sich angeblich desinteressiert gegenüber allen Männern außer der Versuchsperson selbst. Mit dieser Strategie – prinzipiell schwer zu haben, aber offen für einen bestimmten Mann zu sein – hatte sie bei dem betreffenden Mann überwältigenden Erfolg. Die Versuchsteilnehmer wollten infolgedessen vor allem mit dieser an ihnen besonders interessierten Frau ausgehen.

Diese Bevorzugung lässt sich damit erklären, dass diese Frau besonders beliebt erschien (da sie sehr wählerisch war und damit für die meisten Männer schwer zu haben war) und gleichzeitig als sympathisch und eroberbar wahrgenommen wurde. Dagegen konnte die erste Frau – schwer zu haben – kaum Sympathiepunkte sammeln. Die Männer befürchteten, dass sie abweisend sein und ein Date mit ihr verkrampft ablaufen würde. Die zweite Frau – leicht zu haben – konnte zwar einige Sympathien gewinnen, aber ein Date mit ihr war dennoch von kaum jemandem erwünscht.

Die Ergebnisse von Walster und Kollegen machen deutlich, dass es keine empfehlenswerte Strategie darstellt, Unnahbarkeit zu simulieren, weil eine Frau damit eher das Risiko vermittelt, sich trotz aller Anstrengungen nicht erobern zu lassen oder schlichtweg gefühlskalt zu sein. Abweisend zu wirken zahlt sich bei der Partnersuche, entgegen früherer Ratgeber, also nicht aus. Ein Funken Wahrheit scheint an dieser überholten Annahme dennoch zu sein. Denn eine gewisse Zurückhaltung im Zeigen der Gefühle kann von Vorteil sein, so zeigte es Erin Whitchurch mit Kollegen, da unter bestimmten Voraussetzungen die resultierende Unsicherheit die Leidenschaft befeuern kann.

In ihrer Studie befragten die Wissenschaftler 47 weibliche Studierende, die davon ausgingen, an einer Studie über die Nutzung von Facebook als Online-Dating-Seite mitzuwirken. Dafür erlaubten sie dem Forscherteam Zugriff auf ihr Facebook-Profil, das, so die Coverstory, männlichen Studierenden anderer Universitäten gezeigt wurde. Anschließend sahen die Frauen die Facebook-Profile von Männern, von denen sie angeblich entweder (a) besonders attraktiv oder (b) durchschnittlich attraktiv gefunden wurden oder (c) für die nur Information darüber vorlag, dass sie entweder besonders oder durchschnittlich attraktiv gefunden wurden.

In Wirklichkeit sahen alle Frauen die gleichen Facebook-Profile, die für die Studie zusammengestellt worden waren. Auf diese Weise konnte systematisch untersucht werden, wie sich die fingierten Sympathiebewertungen auf die Studentinnen auswirkten. Es zeigte sich, dass Frauen die Männer sympathischer fanden, von denen sie scheinbar besonders attraktiv gefunden wurden. Deutlich weniger sympathisch fanden sie dagegen die Männer, die sie nur durchschnittlich attraktiv fanden. Dieser Befund spiegelt einen Reziprozitätseffekt wider. Obwohl alle Frauen die gleichen Profile sahen, wirkten die Männer allein dann sympathischer, wenn die Frauen davon ausgingen, von diesen als attraktiv empfunden zu werden.

Am meisten hingezogen fühlten sich Frauen erstaunlicherweise zu den Männern, bei denen nicht klar war, ob sie von ihnen besonders oder lediglich durchschnittlich attraktiv gefunden wurden. Sie gaben in diesem Fall auch an, dass sie im Anschluss besonders häufig an diese Männer dachten. Das Gefühl von Unsicherheit führte also dazu, dass die Frauen sich mental stärker mit den Männern beschäftigten und zu ihnen besonders hingezogen fühlten. Dieses Ergebnis deutet darauf hin, dass es gerade zu Beginn des Anbändelns von Vorteil sein kann, den anderen über die Zuneigung im Unklaren zu lassen, um sein Interesse zu wecken.

Vom Elfenbeinturm zum wirklichen Leben: Zuneigung zeigen

Beim Anbändeln steuert die Unsicherheit über die Gefühle des anderen eine große Portion Aufregung bei. Diese Unsicherheit lässt die Gedanken bei der oder dem zukünftigen Lieblingsliebsten verweilen und hält so auch das Interesse an ihr oder ihm aufrecht. Unsicherheit ist deshalb durchaus wünschenswert für den Beziehungsaufbau. Dies gilt allerdings nur, wenn dem potenziellen Partner ein Mindestmaß an Sympathie vermittelt wird, also lediglich im Dunkeln bleibt, ob aus freundschaftlicher auch partnerschaftliche Zuneigung werden kann. Den anderen dagegen völlig im Unklaren über die eigenen Gefühle zu lassen, bewirkt genau das Gegenteil und lässt dessen Interesse schnell erkalten.

Eine empfehlenswerte Flirtstrategie ist also, Zuneigung zwar zu zeigen, aber deren Intensität im Dunkeln zu lassen. Das wirft sogleich die nächste Frage auf: Wie lässt sich diese Strategie auf den nächsten Schritt im Beziehungsaufbau, das erste Liebesbekenntnis, anwenden? Dieser Frage ging Joshua Ackerman zusammen mit Kollegen nach. Gemeinsam untersuchten sie die Frage nach dem perfekten Zeitpunkt für die erste Liebeserklärung, die bekanntlich den Übergang vom kurzen Abenteuer zur ernsthaften Beziehung markiert.

Die meisten Menschen nehmen an, dass Frauen in einer Beziehung als Erste an die Liebe denken und auch als Erste mit einem «Ich liebe dich» herausrücken, nämlich nach durchschnittlich knapp acht Wochen. Männer bräuchten für diesen Schritt, so die allgemeine Annahme, mehr als elf Wochen. Hier irrt jedoch das stereotype Urteil: Nach der aktuellen oder letzten Beziehung befragt, stellte sich nämlich heraus, dass meist Männer zuerst die Liebe aufs Tapet bringen. Auch gaben diese an, nach knapp 14 Wochen über die Liebe nachgedacht zu haben, während Frauen dies erst nach etwa 20 Wochen taten.

Was bewegt Männer dazu, früher als Frauen von der Liebe zu sprechen, und was Frauen, so lang damit zu warten? Ackerman und Kollegen gehen davon aus, dass Männer sich von dem Liebesgeständnis körperliche Zuneigung erhoffen. Frauen dagegen vermeiden es, mit der Tür ins Haus zu fallen, um sich nicht verfrüht auf einen Mann festzulegen, der sich später vielleicht doch nicht als die beste Investition herausstellt. Laut Ackerman und Kollegen besteht für Männer im Gegensatz dazu die größte Gefahr darin, eine potenzielle Partnerin zu verpassen, sodass sie mit dem gesamten Spektrum an Überzeugungsarbeit aufwarten.

Diese Annahme wird durch die Tatsache gestützt, dass Männer besonders dann positiv auf ein «Ich liebe dich» reagieren, wenn es vor dem ersten Sex geäußert wird (denn damit steigt die Hoffnung auf baldigen Sex). Weniger positiv reagieren sie hingegen auf das Liebesbekenntnis nach dem ersten gemeinsamen Schäferstündchen (wenn sie schon hatten, was sie sich erhofften). Bei Frauen ist es genau umgekehrt: Der bereits vor dem ersten gemeinsamen Sex «liebende» Mann wirkt auf die Frau weniger ehrlich (weil sie triebhafte Gründe statt Emotionen vermutet). Sie freut sich dagegen umso mehr über die drei kleinen Worte nach dem ersten Sex (obwohl er doch schon hatte, worauf er aus war).

Vom Mann vor dem ersten Sex mit einem «Ich liebe dich» bedacht zu werden, löst bei der Frau also, neben positiven Emotionen, auch Misstrauen aus, und das ist durchaus gerechtfertigt. Männer werten ein Liebesbekenntnis der Frau zwar eher als

Commitment für eine dauerhafte Beziehung, erhoffen sich aber trotzdem von dieser Zuneigung vor allem sexuelle Höhepunkte. Unter Berücksichtigung der vorherigen Studienergebnisse ist eine Liebeserklärung also ein äußerst gewagtes Unterfangen, denn sie löst die belebende Unsicherheit des Beziehungsbeginns auf und kann bei dem Partner falsche Assoziationen wecken.

Insofern empfiehlt es sich, sich vor einem Liebesbekenntnis der Zuneigung des anderen zu vergewissern. Wie gut das möglich ist, hat Skyler Place zusammen mit Kollegen untersucht. Sie zeigten jungen Studierenden einer amerikanischen Universität Videos von deutschen Speed-Dating-Events mit Teilnehmenden der Berliner Speed-Dating-Studie. Obwohl die amerikanischen Studierenden kein Deutsch verstanden, konnten sie auf Basis der Videos dennoch überraschend treffsicher angeben, wie viel Interesse ein männlicher Teilnehmer an seinem Date hatte. Deutlich schwerer fiel das bei den Frauen, bei denen es für die Zuschauer kaum möglich war zu erkennen, inwiefern sie tatsächlich an ihrem Date interessiert waren. Das lag nicht etwa daran, dass diese Frauen ihre Emotionen besonders verschleierten, sondern vor allem daran, dass ihr Interesse am anderen Geschlecht überbewertet wurde. Frauen sind demnach deutlich wählerischer als von den Beobachtenden erwartet.

Die Ergebnisse von Place und Kollegen legen nahe, dass es kein leichtes Unterfangen ist, das Interesse anderer Personen korrekt zu erkennen. Ob Menschen Interesse, das sie selbst bei anderen auslösen, erkennen können, untersuchten Paul Eastwick und Kollegen ebenfalls in einer Speed-Dating-Studie. Dabei zeigte sich zumindest eine leichte Gegenseitigkeit: Hatte eine Person das Gefühl, dass der Funke übersprang, dann fühlte auch der andere sich stärker zu ihr hingezogen. Eine gewisse Gelassenheit beim Bekenntnis zur großen Liebe scheint also angemessen.

Doch Vorsicht: Eine Person, die sich zu zahlreichen Personen hingezogen fühlt, wird als unattraktiv angesehen. Die Zuneigung dosiert zu verteilen, ist also durchaus empfehlenswert.

Vom Elfenbeinturm zum wirklichen Leben: Unsicherheit belassen

Frauen sind in diversen Lebensbereichen prädestiniert für emotionalen Überschwang. In einer Beziehung sind es aber vor allem die Männer, die zuerst an die Liebe denken, darüber sprechen und an die immerwährende Liebe glauben. Frauen laufen demnach kaum Gefahr, zu früh mit einer Liebeserklärung herauszurücken. Zum einen, weil sie sich ohnehin erst später damit befassen, und zum anderen, weil der Partner es üblicherweise positiv aufnehmen wird. Dem Mann sei dagegen geraten, bei der wahrhaftig Geliebten erst nach dem ersten Sex von echter Liebe zu sprechen, da dies bei ihr die positivsten Gefühle auslösen wird. Offen bleibt, wie mit so unglücklichem Timing wie ersten Liebesbekenntnissen *beim* Sex umzugehen ist. Da diese aber vor allem aus überschwänglichen Glücksgefühlen resultieren, sollte ihnen vermutlich nicht allzu viel Bedeutung beigemessen werden.

Empfehlung zum Weiterlesen

Ackerman, Joshua M. / Griskevicius, Vladas / Li, Norman P.: «Let's get serious: Communicating commitment in romantic relationships», in: *Journal of Personality and Social Psychology*, Bd. 100, 2011, S. 1079–1094.

Eastwick, Paul W. / Finkel, Eli J. / Mochon, Daniel / Ariely, Dan: «Selective versus unselective romantic desire: Not all reciprocity is created equal», in: *Psychological Science*, Bd. 18, 2007, S. 317–319.

Place, Skyler S. / Todd, Peter M. / Penke, Lars / Asendorpf, Jens B.: «The ability to judge the romantic interest of others», in: *Psychological Science*, Bd. 20, 2009, S. 22–26.

Walster, Elaine / Walster, G. William / Piliavin, Jane / Schmidt, Lynn: «‹Playing hard to get›: Understanding an elusive phenomenon», in: *Journal of Personality and Social Psychology*, Bd. 26, 1973, S. 113–121.

Whitchurch, Erin R. / Wilson, Timothy D. / Gilbert, Daniel T.: «‹He loves me, he loves me not ...›: Uncertainty can increase romantic attraction», in: *Psychological Science*, Bd. 22, 2011, S. 172–175.

EIN LÄCHELN FÜR MEHR LIEBE, LEBEN, LEIDENSCHAFT

B itte lächeln! So einfach kann sie lauten, die Anleitung dafür, neue Freundschaften zu schließen, zufriedene Beziehungen aufrechtzuerhalten und ein langes Leben zu genießen. Das stellen zumindest zahlreiche Studien fest, die Fotos unter die Lupe nahmen und mit dem Leben der Fotografierten in Verbindung brachten. Denn ein Foto hält mehr als nur einen flüchtigen Moment künstlicher Freude fest. Vielmehr verrät es kleine und große Geheimnisse über die abgelichtete Person, ihr Wohlbefinden, Liebesleben und die ferne Zukunft. Ein Lachen ist jedoch nicht gleich ein Lachen: Maximale Glücksgefühle verspricht ein unwillkürliches Lachen unter Einsatz aller dafür vorhanden Muskeln in Gesellschaft anderer Personen. Und dieses Lachen lässt sich sogar willkürlich vor dem Spiegel üben.

***

Facebook steckte noch in den Kinderschuhen, da diente es schon als Ausgangspunkt für die Glücksmessung: Patrick Seder und Shigehiro Oishi untersuchten bereits im Jahr 2005, wie stark Personen auf ihren Profilfotos lachten. Insgesamt 48 Studierende von der Universität von Virginia nahmen an der Studie teil. Deren Musculus zygomaticus major und Musculus orbicularis oculi galt das besondere Interesse der Forscher. Ersterer zieht die

Mundwinkel nach oben, während der zweite die Augen schmunzeln lässt. Seder und Oishi fanden, dass Studentinnen auf ihren Facebook-Fotos deutlich intensiver lächelten als ihre männlichen Kommilitonen. Darüber hinaus lachten Personen eher, wenn sie momentan mit ihrem Leben zufrieden waren. Sogar noch am Ende ihrer Studienzeit, dreieinhalb Jahre später, waren die damals lächelnden Studierenden deutlich zufriedener als ihre weniger lach-affinen Kommilitonen. Doch wie kommt es dazu, dass lächelnde Personen nicht nur zufriedener sind, sondern mit der Zeit sogar immer zufriedener werden?

Dies scheint vor allem darauf zurückzugehen, dass lachende Menschen erfolgreichere Beziehungen zu ihren Mitmenschen führen. Zumindest lassen die Ergebnisse von Seder und Oishi darauf schließen, und dies lässt sich auf vielfältige Weise erklären: Lachenden Menschen werden gern positive Eigenschaften unterstellt, was sie als Freund oder Freundin umso geeigneter erscheinen lässt. Es fällt ihnen deshalb leicht, neue Freundschaften zu knüpfen und sich Freunde auszusuchen, die besonders gut zu ihnen passen. Außerdem haben sie erfüllendere Freundschaften, und diese soziale Verbundenheit erhöht wiederum die spätere Lebenszufriedenheit.

Noch weitreichendere Aussagen konnten LeeAnne Harker und Dacher Keltner mit ihrer Studie machen. Sie betrachteten die Lachmuskeln auf Jahrbuchfotos von 20- bis 21-jährigen Studentinnen des Mills College, einer privaten Universität für Frauen in den USA. Die etwa 100 Frauen wurden über Jahrzehnte hinweg immer wieder aufgesucht und befragt. Drei dieser Frauen blickten auf ihrem Jahrbuchfoto ernst in die Kamera, während die restlichen Studentinnen mehr oder weniger stark lächelten. Je stärker das Lächeln ausgeprägt war, desto fröhlicher und kontaktfreudiger fühlten sich die Frauen selbst und wurden auch von anderen Personen so wahrgenommen. Auch wirkten sie attraktiver und sympathischer auf andere Menschen.

Doch das Lächeln auf dem Foto war nicht nur ein Abbild des aktuellen Empfindens, sondern hing auch maßgeblich mit dem späteren Lebensverlauf der Frauen zusammen: Je mehr die Frauen in jungen Jahren lachten, desto weniger waren sie auch noch Jahrzehnte später bedrückt und reizbar. Ein Lächeln auf dem Jahrbuchfoto ging auch mit einer höheren Wahrscheinlichkeit einher, innerhalb der nächsten sechs Jahre zu heiraten, und minderte das Risiko, noch mit 40 Jahren Single zu sein. Das Lachen einer Frau steigert also anscheinend auch ihre Chancen auf dem Dating-Markt.

Auch in einer Beziehung profitierten die (zumindest ehemals) schmunzelnden Frauen. Sie lebten, im Vergleich zu ihren ernsteren Kommilitoninnen, in glücklicheren Partnerschaften mit tendenziell weniger Beziehungsproblemen. Noch im Alter von 52 Jahren waren die damals lachenden Studentinnen glücklicher in ihrer Partnerschaft! Über den insgesamt betrachteten Zeitraum von über 30 Jahren zeigte der kleine Augenblick des Lachens auf dem Jahrbuchfoto einen beträchtlichen Zusammenhang zu der Zufriedenheit mit dem Leben im Allgemeinen.

Doch wenn schon Jahrbuchfotos solche Aussagekraft haben, wie viel mehr Rückschlüsse lassen sich dann erst aus weniger gestellten Fotos ziehen? Matthew Hertenstein und Kollegen sichteten Kindheits- und Jugendfotos von 55 Personen im Alter zwischen 59 und 91 Jahren. Die Fotos zeigten 5- bis 22-Jährige in den unterschiedlichsten Situationen: in der Schule, bei der Hochzeit oder auf einem Schnappschuss mit Familie und Freunden.

Solche Fotos sind insbesondere deshalb wichtig, da Frauen in formellen Situationen zwar mehr als Männer lachen, Männer den Frauen in spontanen Situationen bezüglich ihres Lächelns jedoch in nichts nachstehen. Wie bei den Jahrbuchfotos fand sich auch hier, dass Personen mit aktiveren Lachmuskeln viele Jahrzehnte später in erfolgreicheren Partnerschaften lebten: Sie hatten ein deutlich geringeres Risiko, geschieden zu sein. Die Autoren der Studie gehen davon aus, dass eine Ursache für diesen Effekt ist, dass lachende Menschen mit Krisen besser umgehen können und optimistischer sind.

Vom Elfenbeinturm zum wirklichen Leben: Lachen ist sympathisch

Lachen sollten wir lieber mehr als weniger. Denn dann steigen unsere Chancen darauf, mehr Freunde zu finden und mit diesen angenehme Freundschaften zu pflegen. Wir würden die Liebe finden und halten und uns bei dem oder der Lieblingsliebsten dauerhaft wohlfühlen. Geht es jedoch um die Heiterkeit des Partners, dann fragt sich das Misstrauen klammheimlich: Wenn doch lachende Menschen so anziehend wirken, jede vielversprechende Gelegenheit ergreifen und offener für soziale Beziehungen sind, sind sie dann nicht auch gefährdeter für den Seitensprung? Und bleibt die Partnerschaft im Fall der Fälle vielleicht einfach stabil, weil ein geübtes Lächeln charmant alle etwaigen Konflikte verschwinden lässt?

Lachende Menschen leben nicht nur unbelasteter, sondern dürfen sich auch eines längeren Lebens erfreuen. Zu diesem Schluss kamen Ernest Abel und Michael Kruger nach einer Untersuchung von Baseball-Spielern. Die professionellen Sportler spielten allesamt in der Major League und debütierten bereits vor dem Jahr

1950. In einem jährlich erscheinenden Bericht, dem *Baseball Register*, erschienen pünktlich zu Saisonbeginn Statistiken zu und Fotos von diesen Spielern. Die Intensität des Lachens der Sportler auf diesen Fotos nahmen die Forscher als Grundlage, um die Lebensdauer vorherzusagen.

Bis zum Jahr 2009 verstarben 150 der untersuchten 196 Baseball-Spieler. Gebildete Sportler und Sportler mit einer langen Baseball-Karriere lebten länger als ihre beruflich weniger erfolgreichen Mitspieler. Es zeigte sich auch ein Zusammenhang zwischen dem Lächeln auf dem *Baseball-Register*-Foto und der Lebenserwartung: 63 der verstorbenen Sportler machten auf dem Foto ein ernstes Gesicht und starben im Durchschnitt im Alter von 73 Jahren. Ein kleines Lächeln lag 64 Spielern auf den Lippen, die dann ein durchschnittliches Lebensalter von 75 Jahren erreichten, und die enthusiastischsten Lächler wurden im Durchschnitt sogar 80 Jahre alt.

Die Ursache für die längere Lebensdauer der Lächelnden kann nicht auf Merkmale wie Attraktivität, Alter, Gewicht oder Familienstand zurückgeführt werden. Es stellt sich deshalb die Frage, wie ein bloßes Lächeln unser Leben verlängern und unsere Beziehungen verbessern kann. Robin Dunbar und Kollegen haben eine mögliche Erklärung für diesen Zusammenhang gefunden. Sie konnten zeigen, dass es beim Lächeln zu einer Ausschüttung eines körpereigenen Opioids im zentralen Nervensystem kommt: den Endorphinen. Dieser Stoff euphorisiert, senkt die Schmerzschwelle und erhöht möglicherweise auch die soziale Bindung.

Um dem Zusammenhang zwischen Lachen und Endorphinen auf die Spur zu kommen, brachten Dunbar und Kollegen mehrere Versuchspersonen zum Lachen, indem sie ihnen witzige Filme zeigten. Vor und nach dem Ansehen der Filme unterzogen sich die Teilnehmer einem Schmerztest. Dabei sollten sie angeben, wie lange sie einen Schmerz, ausgelöst durch starke Kälte oder starken Druck, aushalten können. Hielten die Personen lang durch, war dies ein Anzeichen für eine erhöhte Endorphin-Ausschüttung, die den Schmerz lindern und damit länger erträglich machen kann.

Sahen die Studienteilnehmer eine Komödie, dann lachten sie deutlich mehr als bei einer sachlichen Dokumentation. Das war insbesondere dann der Fall, wenn sie die lustigen Filme in der Gruppe sahen. Tatsächlich zeigte sich auch, dass Personen durch das Lachen während der Filme weniger schmerzempfindlich wurden. Sie konnten, nachdem sie einen witzigen Film gesehen hatten, deutlich länger den Schmerz aushalten als zuvor und auch länger als die Personen, die eine Informationssendung gesehen hatten. Diese Senkung der Schmerzschwelle trat insbesondere dann auf, wenn die Personen in der Gruppe lachten.

Lachen ist außerdem eine überaus soziale Angelegenheit. Tatsächlich lachen wir 30-mal häufiger im Beisammensein mit anderen Personen. Allgemein bekannt ist auch der Ansteckungseffekt: Es genügt ein begeistertes Lachen, und schon stimmen die Umstehenden lachend mit ein. Ungezwungenes Lachen ist dabei besonders ansteckend und mindert Stress ganz besonders gut. Die lachende Gruppe ist damit euphorisiert und kann sehr viel einfacher Bindungen untereinander aufbauen. Das Lachen, wenn auch unwillkürlich, signalisiert nämlich Sympathie, Interesse aneinander und reduziert das Gefühl von Unsicherheit und Bedrohung.

Nun ist das Lächeln auf dem Jahrbuchfoto ein anderes als unter Freunden auf einem feuchtfröhlichen Junggesellenabschied. Paul Ekman unterschied 18 Formen des Lächelns und ging sogar davon aus, dass es bis zu 50 Varianten geben könnte. Diese unterscheiden sich in den beteiligten Muskeln und aktiven Hirn-

arealen: Ein spontanes Lächeln, auch Duchenne-Lächeln genannt, wird beispielsweise durch das subkortikale Motorsystem
aktiviert, ein Hirnareal unterhalb der Großhirnrinde. Es wird als
besonders authentisch wahrgenommen und zählt deshalb laut
Paula Niedenthal und Kollegen auch zu dem *Genusslachen*.

Ein willkürliches Lachen wird dagegen vom kortikalen Motorsystem angeregt, einem übergeordneten Hirnbereich in der
Großhirnrinde. Dies führt aber meist lediglich zu einer Aktivie-
rung des Zygomaticus major, nicht aber des Orbicularis oculi. In
diesem Fall lacht der Mund ohne die Augen, wodurch das Lachen weniger glaubwürdig wirkt. Das Lachen kann nach Niedenthal und Kollegen dabei zwei Funktionen haben: Als *Bindungs-
lachen* kann es die Funktion haben, freundliche Absichten zu
signalisieren, zum Beispiel als Lächeln bei der Begrüßung oder
bei einer Beschwichtigung. Ein weiteres willkürliches Lachen
ist das *Dominanzlachen*, das einen hohen sozialen Status, Macht
oder auch Stolz ausdrückt.

Vom Elfenbeinturm zum wirklichen Leben:
Lachen ist funktional

Die Bedeutung des Lächelns kann man kaum überschätzen. Sobald sich eine Person unter anderen Menschen
befindet, wird sie ihr Lachen mehr oder weniger bewusst
einsetzen – um ihre Gefühle auszuleben, für Sympathie
zu werben oder ihre Autorität zu unterstreichen. Je mehr
das Lachen vom Herzen kommt, desto wirksamer und be-
rührender ist es in jeglicher Hinsicht. Doch auch ein funktionales Lachen kann effektiv sein, insbesondere wenn die
Augen mitlachen. Der verschmitzte Leser kann das vor
dem Spiegel leicht ausprobieren – und später natürlich

anwenden: unter Freunden, potenziellen Partnern oder einfach beim Fotografen. Denn der Zygomaticus major muss auf biometrischen Fotos zwar still halten, die Augen dürfen aber trotzdem schmunzeln.

Empfehlung zum Weiterlesen

Abel, Ernest L. / Kruger, Michael L.: «Smile intensity in photographs predicts longevity», in: *Psychological Science*, Bd. 21, 2010, S. 542–544.

Dunbar, Robin I. M. et al.: «Social laughter is correlated with an elevated pain threshold», in: *Proceedings of the Royal Society B,* Bd. 279, 2012, S. 1161–1167.

Harker, LeeAnne / Keltner, Dacher: «Expressions of positive emotion in women's college yearbook pictures and their relationship to personality and life outcomes across adulthood», in: *Journal of Personality and Social Psychology*, Bd. 80, 2001, S. 112–124.

Hertenstein, Matthew J. / Hansel, Carrie A. / Butts, Alissa M. / Hile, Sarah N.: «Smile intensity in photographs predicts divorce later in life», in: *Motivation and Emotion*, Bd. 33, 2009, S. 99–105.

Niedenthal, Paula M. / Mermillod, Martial / Maringer, Marcus / Hess, Ursula: «The simulation of smiles (SIMS) model: Embodied simulation and the meaning of facial expression», in: *Behavioral and Brain Sciences*, Bd. 33, 2010, S. 417–480.

Seder, J. Patrick / Oishi, Shigehiro: «Intensity of smiling in facebook photos predicts future life satisfaction», in: *Social Psychological and Personality Science*, Bd. 3, 2012, S. 407–413.

SEX ALS LIEBESRETTER

eurotizistische und bindungsunsichere Personen sind für das ersehnte Liebesglück eine Herausforderung. Wenn sich der oder die Lieblingsliebste immerfort Sorgen um sich, den Partner und das Miteinander macht oder nicht das richtige Maß an Nähe findet, wird eine stabile Beziehung nur sehr schwer zu erreichen sein. Die Liebe interessiert die daraus folgenden rational nachvollziehbaren Partnerwahlkriterien jedoch herzlich wenig und macht deshalb auch vor wenig bindungstauglichen Personen nicht halt. Das ist auch gut so, würde man andernfalls doch auch Gefahr laufen, das perfekte Gegenstück zu verpassen. Gegen den dann jedoch vorprogrammierten Stress gibt es zum Glück ein wirksames Mittel: Sex. Er kann helfen, Stresssymptome zu lindern, neuen Stress zu vermeiden und die Liebe zu retten.

* * *

In einer glücklichen Beziehung befinden sich insbesondere jene Personen, die einen Partner mit ähnlichen Vorstellungen vom Leben und der Liebe gefunden haben. Gut getroffen haben es auch diejenigen, die sich durch eine hohe emotionale Stabilität und einen sicheren Bindungsstil auszeichnen. Beides fördert die Chancen auf eine erfolgreiche Beziehung, sowohl wenn sie bei einem selbst als auch bei dem oder der Lieblingsliebsten vorliegen. Bei Paaren ohne optimale Ausgangsbedingungen ist tatkräftige Beziehungsarbeit vonnöten. Das muss nicht unbedingt in Fleißarbeit ausufern, sondern kann schon mit zusätzlichen Schäferstündchen kompensiert werden.

Als Risikoeigenschaft schlechthin gilt der Neurotizismus, der Gegenpol der emotionalen Stabilität. Das betrifft nicht nur die Liebe: Neurotizistische Personen sorgen sich häufig, grübeln über verpasste Lebenschancen nach, werden schnell nervös und können nicht gut mit Stress umgehen. Auch sind sie unzufriedener mit ihrem Leben im Allgemeinen, ihrer Beziehung und ihrem Sexleben, womit bereits ein Großteil der bedeutenden Lebensbereiche abgedeckt wäre. Deshalb ist es nicht weiter verwunderlich, dass es ein anspruchsvolles Unterfangen darstellt, mit einer neurotizistischen Person eine glückliche Beziehung zu führen. Umso erfreulicher, dass Michelle Russell und James McNulty eine Strategie gefunden haben, wie sich mit Menschen aus dieser Risikogruppe eine zufriedene Beziehung führen lässt.

Der Schlüssel zum Glück liegt beim Sex. Genauer, beim häufigen Sex. Das schöne Nebenprodukt beim Sex ist allgemein, dass er auch über den Augenblick hinaus glücklich macht und sogar noch am nächsten Tag die Stimmung hebt. Dieser positive Effekt macht evolutionär Sinn, da er die Wahrscheinlichkeit für Sex und damit auch die Wahrscheinlichkeit für Nachwuchs erhöht. Aber was heißt häufiger Sex? In der Studie von Russell und McNulty gaben die frisch verheirateten Paare an, durchschnittlich ungefähr 40 solche Stimmungsaufheller pro Halbjahr gehabt zu haben. Die Häufigkeit von Sex sinkt jedoch mit der Dauer einer Beziehung, zumindest im Verlauf der ersten vier Ehejahre. Und mit der sinkenden Beischlaffrequenz sinkt auch die Zufriedenheit mit der Beziehung. Wie die Studie von Russell und McNulty zeigte, waren neurotizistische Personen insbesondere dann mit ihrer Beziehung unzufrieden, wenn sie wenig Sex hatten. Hatten sie jedoch häufig Sex, waren sie genauso zufrieden wie andere, nicht neurotizistische Personen. Mit anderen Worten: Hat ein Paar wenig Sex, dann leidet die Beziehung unter einem neurotizistischen Partner. Hat ein Paar häufig Sex, dann sind die beteiligten Personen mit der Beziehung zufrieden, unabhängig davon, ob einer der Partner neurotizistisch ist oder nicht.

In einer weiteren Studie, die McNulty und Russel zusammen mit Katherine Little durchführten, untersuchten sie als weiteren Hochrisikofaktor für unglückliche Beziehungen die Bindungsunsicherheit. Bindungsunsichere Personen vermeiden entweder die Nähe zu ihrem Partner (bei einem vermeidenden Bindungsstil) oder befürchten, von ihrem Partner verlassen zu werden (bei einem ängstlichen Bindungsstil). Beides ist wenig zuträglich für eine intime Liebesbeziehung. Um zu untersuchen, ob Sex auch vor den Nachteilen der Bindungsunsicherheit schützen kann, nutzten Little, McNulty und Russel neben den oben vorgestellten Daten auch Informationen von weiteren 135 kürzlich verheirateten Paaren. Die frisch Vermählten gaben hierfür über einen Zeitraum von einer Woche täglich Auskunft über ihr Liebesleben. In diesem Zeitraum schliefen die Paare etwa jeden zweiten Tag miteinander, allerdings gab es beträchtliche Schwankungen zwischen den Paaren: Während einige im Befragungszeitraum ganz ohne Sex auskamen, kamen andere auf immerhin drei Höhepunkte täglich.

Auch diese Studie ergab, dass häufiger Sex als Schutzfaktor fungiert: Personen mit einem vermeidenden Bindungsstil waren allgemein wenig zufrieden mit ihrer Beziehung. Hatten sie aber häufig Sex, dann waren sie genauso zufrieden mit ihrer Beziehung wie Personen ohne diesen vermeidenden Bindungsstil. Ähnlich war es bei Personen mit einem ängstlichen Bindungsstil. Sie waren zwar im Allgemeinen unzufrieden mit ihrer Beziehung, hatten sie aber besonders erfüllenden (nicht unbedingt häufigen!) Sex, dann waren sie genauso zufrieden in ihrer Beziehung wie Personen ohne ängstlichen Bindungsstil.

Vom Elfenbeinturm zum wirklichen Leben: Sex kompensiert Risikofaktoren

Die Liebe trifft manchmal auf Personen, die sich als wenig beziehungstauglich erweisen. Entweder weil sie neurotizistisch sind und sich stets und ständig auf die negativen Dinge im Leben (und der Beziehung) konzentrieren und vor den Sonnenseiten die Augen verschließen. Oder weil sie entweder Nähe in einer Beziehung vermeiden oder nicht genug davon kriegen können und deshalb immer befürchten, versetzt zu werden. Umso erfreulicher ist es deshalb, dass ein erfülltes Sexleben den negativen Einfluss dieser Eigenschaften ausbügeln kann. Für das Alltagsleben bedeutet das deshalb: Guter Sex (und viel davon!) lohnt sich, denn es profitieren alle Beteiligten davon und einige ganz besonders.

Sex ist ein Universaltalent und kann nicht nur als Ausgleich für konfliktbehaftete Eigenschaften dienen, sondern auch Alltagsstress abfedern. Zu diesem Ergebnis kommen Tsachi Ein-Dor und Gilad Hirschberger. Sie untersuchten 75 junge, heterosexuelle Männer und Frauen, die in einer monogamen Beziehung lebten. Über einen Zeitraum von 18 Tagen gaben diese an, wie viel Stress sie täglich hatten und wann sie mit ihrem Partner Sex hatten. Männer hatten in dem Befragungszeitraum deutlich mehr Stress als Frauen. Fühlten sich Frauen jedoch gestresst, so erstreckte sich dies meist nicht nur über einzelne, sondern über mehrere Tage. Ein dauerhaft hohes Stresslevel kann jedoch gemindert werden, wenn Personen Sex haben. Diese stresssenkende Wirkung war besonders deutlich in glücklichen Beziehungen.

Zumindest für zufriedene Partnerschaften gilt deshalb: An einem stressigen Tag ist Sex förderlich. Dadurch wird das Stresslevel am darauf folgenden Tag im Mittel verringert. Sex kann dementsprechend also die Alltagsbelastungen abpuffern. Genauso kann Stress auch die sexuelle Aktivität fördern: Denn auf einen stressigen Tag folgt am nächsten Tag mit erhöhter Wahrscheinlichkeit Sex. Dies gilt insbesondere dann, wenn der Mann einen nervenaufreibenden Tag hatte. Dieser Befund lässt es also durchaus lohnenswert erscheinen, trotz oder gerade wegen extremer Betriebsamkeit oder aufwühlender Alltagssorgen den positiven Ausgleich im Bett mit der oder dem Lieblingsliebsten zu suchen. Denn selbst wenn die Lust dann nicht unbedingt sofort auf Hochtouren läuft, ist sie eine sinnvolle Investition für einen weniger stressigen Folgetag.

Sex ist aber nicht nur ein Ausdruck unbändiger Leidenschaft oder ein funktionales Mittel für ein ausgeglicheneres Stresslevel, sondern geht auch mit weiteren Vorteilen einher: Die sexuelle Trägheit ist in Langzeitbeziehungen bekanntlich eine ernsthafte Gefahr. Dem entgegenwirken lässt sich, indem in besonderem Maße auf die sexuellen Bedürfnisse der oder des Lieblingsliebsten eingegangen wird. Diesen weiteren zweckmäßigen Aspekt von Sex untersuchte Amy Muise zusammen mit Kollegen im Rahmen einer Befragung von Paaren, die über drei Wochen hinweg Auskunft über ihr Liebesleben gaben. Diese Paare waren allesamt bereits längere Zeit zusammen (zwischen 3 und 39 Jahren), was eventuell erklärt, warum sie vergleichsweise wenig, nämlich lediglich einmal wöchentlich Sex hatten.

Die befragten Personen unterschieden sich darin, wie sehr sie darauf bedacht waren, die sexuellen Bedürfnisse ihres Partners zu befriedigen. Während einige von ihnen die eigenen sexuellen Präferenzen zurückstellten und sich vornehmlich auf den Höhepunkt des Partners fokussierten, waren andere vor allem darauf bedacht, eigene Bedürfnisse zu befriedigen (um zum Beispiel ihren Stress abzubauen). Männer sind, im Vergleich zu Frauen, eher auf den sexuellen Höhepunkt der Partnerin fixiert, möglicherweise, da der weibliche Orgasmus mehr «Engagement» vonseiten des Partners erfordert. Auch in langjährigen Beziehungen ist der auf die sexuelle Erfüllung des Partners ausgerichtete Fokus stärker ausgeprägt als bei frisch Verliebten und ist auch häufiger in glücklichen Beziehungen als in weniger glücklichen anzutreffen.

Obwohl diese altruistische Herangehensweise auch mit einem stärkeren eigenen Bedürfnis nach Sex einhergeht, führt sie im Allgemeinen nicht zu häufigerem Sex, kann aber als Schutzfaktor dienen. Denn auch in der Studie von Muise und Kollegen konnte zwar ein allgemeiner Rückgang der sexuellen Begierde über die Zeit nachgewiesen werden, nicht aber für Personen, denen es besonders wichtig war, ihren Partner mit allen zur Verfügung stehenden Reizen zum sexuellen Höhepunkt zu bringen. Diese hielten ein hohes Maß an sexuellem Verlangen aufrecht.

Sex dafür zu nutzen, den Partner zu beglücken, entpuppt sich also letztendlich als probates Mittel zur Erfüllung eigener sexueller Vorteile. Es stärkt das Bedürfnis nach körperlicher Intimität mit dem Partner und hält dieses Bedürfnis aufrecht, entgegen dem sonst typischen Verlauf der mit der Zeit sinkenden Leidenschaft in Beziehungen. Neben dem positiven Einfluss auf die eigene Leidenschaft birgt es auch langfristig einen Vorteil, sich beim Sex an den Wünschen des Partners zu orientieren, denn dies stärkt die Zufriedenheit mit der Beziehung und senkt das Bedürfnis, sich an anderen potenziellen Partnern auszuprobieren.

Vom Elfenbeinturm zum wirklichen Leben: Sex wiegelt Alltagssorgen ab

Dem Alltag ein Schnippchen zu schlagen, kann nie schaden, und Sex ist dabei eine große Hilfe. Er mindert den Alltagsstress und erlöst so aus einer Spirale anhaltender und stärker werdender Alltagssorgen. Genauso bremst er die Eintönigkeit in langfristigen Beziehungen, indem er die Leidenschaft aufrechterhalten kann. Das gilt zumindest dort, wo statt dem eigenen der sexuelle Höhepunkt des Partners im Zentrum steht. Denn davon profitiert nicht nur das eigene Verlangen nach Intimität mit dem Partner, sondern auch der langfristige Beziehungsfrieden. Frauen können sich, im Durchschnitt, in dieser Hinsicht noch eine Scheibe von den Männern abschneiden: Denn sich noch mehr auf die heimlichen Wünsche und Sehnsüchte des Lieblingsliebsten einzulassen, nützt letztendlich beiden.

Empfehlung zum Weiterlesen

Ein-Dor, Tsachi/Hirschberger, Gilad: «Sexual healing: Daily diary evidence that sex relieves stress for men and women in satisfying relationships», in: *Journal of Social and Personal Relationships*, Bd. 29, 2012, S. 126–139.

Little, Katherine C./McNulty, James K./Russell, V. Michelle: «Sex buffers intimates against the negative implications of attachment insecurity», in: *Personality and Social Psychology Bulletin*, Bd. 36, 2010, S. 484–498.

Muise, Amy / Impett, Emily A. / Kogan, Aleksandr / Desmarais, Serge: «Keeping the spark alive: Being motivated to meet a partner's sexual needs sustains sexual desire in long-term romantic relationships», in: *Social Psychological and Personality Science*, Bd. 4, 2012, S. 267–273.

Russell, V. Michelle / McNulty, James K.: «Frequent sex protects intimates from the negative implications of their neuroticism», in: *Social Psychological and Personality Science*, Bd. 2, 2011, S. 220–227.

MÉNAGE-À-TROIS:
DREI SIND EINER ZU VIEL

Kann man den Kirschen in Nachbars Garten nicht widerstehen, findet man sich im Handumdrehen in einer komplexen Ménage-à-trois wieder. Denn was mit einem leidenschaftlichen Höhepunkt für zwei der Beteiligten beginnt, entpuppt sich flugs als emotional aufgeladene Dreiecksbeziehung. Nicht jeder ist für eine solche Beziehungsform prädestiniert, denn in dem Risiko, sich aus einer bestehenden Beziehung abwerben zu lassen, unterscheiden sich Menschen beträchtlich. Genauso ist nicht jeder gleichermaßen gewillt und befähigt, sich den Lieblingsliebsten eines anderen zu angeln. Und wenn es zum Seitensprung gekommen ist – ist dann, in der Hoffnung, auf Nachsicht zu treffen, Offenheit empfehlenswert? Oder heißt es Stillschweigen bewahren und diesen ins Archiv der persönlichen Geheimnisse verbannen?*

***

Drei von vier Menschen empfinden Untreue als ausnahmslos falsch. Wobei sich unter den Untreuen immerhin neun von zehn finden, die diese doch irgendwie rechtfertigen können, fassen Adrian Blow und Kelley Hartnett in ihrem umfangreichen Überblicksartikel zusammen. Wie tolerant der Partner bezüglich außerehelicher Affären ist, ist von zahlreichen Faktoren abhängig, beispielsweise der Bildung (gebildete Menschen sind freizü-

180

giger), der Kultur (in Russland, Bulgarien und Tschechien beispielsweise ist man unverkrampfter) und der eigenen Erfahrung damit (Fremdgeher sind fairerweise auch ihren Partnern gegenüber nachsichtiger). Eine lockerere Einstellung zu außerehelichen Affären haben auch Großstädter und Personen, die zurzeit entweder Single sind oder in einer unglücklichen Beziehung leben.

Nichtsdestotrotz ist ein entdeckter Seitensprung eine schwere Herausforderung für eine Beziehung. Während im Vorhinein über 60 Prozent der Personen angeben, dass sie sich als Reaktion auf einen Seitensprung von ihrem Partner trennen würden, zerbricht letztendlich nur jede vierte Partnerschaft tatsächlich daran. Dennoch erhöht Untreue das Risiko für emotionale Probleme beträchtlich, beispielsweise das Risiko, an einer affektiven Störung wie einer Depression zu erkranken. Und dies gilt sowohl für die fremdgehende Person selbst als auch für den unbescholtenen Partner. Untreue allein führt aber nicht zwangsläufig zu Unglück, denn die Realität ist meist vielschichtiger.

Der oder die Untreue

Nutzt man repräsentativ ausgewählte große Stichproben, dann legen die Ergebnisse nahe, dass etwa 80 Prozent der Menschen treu sind. Die restlichen 20 Prozent kommen im Laufe ihrer Beziehung vom Weg ab, allerdings nicht besonders häufig. Nur etwa 3 Prozent der Gebundenen berichten einen Seitensprung aus dem vergangenen Jahr. Das heißt, dass sich die nicht unerhebliche Rate an untreuen Personen hauptsächlich über vereinzelte Affären im Laufe einer langen Beziehung summiert. Männer scheinen etwas anfälliger dafür zu sein, sich auch wiederholt auf außereheliche Liebschaften einzulassen. Dabei beschränken sie sich allerdings bevorzugt auf reine Bettgeschichten, während Frauen dazu neigen, sich Hals über Kopf zu verlieben.

Aber wer lässt sich auf Avancen anderer Beaus oder Fräuleins ein oder initiiert diese sogar, wenn doch die Liebe fürs Leben längst gefunden ist? Dieser Frage gingen David Schmitt und David Buss in einer Serie von Studien nach. Von den befragten Personen gaben etwa 80 Prozent an, bereits von anderen Personen angeflirtet worden zu sein, während sie in einer Beziehung lebten. Männer wurden nach eigener Aussage vor allem mit weiblichem Interesse an einem rein sexuellen Techtelmechtel konfrontiert, während Frauen darüber hinaus auch männliche Annäherungsversuche mit Ambitionen für längerfristige Affären bemerkten.

Besonders beliebtes Objekt der Begierde sind extravertierte Personen, die in vielfacher Hinsicht offen für neue Erfahrungen sind, ein sexuell anziehendes Äußeres haben und sich ihrem Partner emotional besonders hingeben. Nun kann ein kleiner Flirt ohne überschwängliche Handlungen auch lediglich als angenehme Bauchpinselei genossen werden. Tatsächlich geht auch nur etwa die Hälfte der Personen auf solcherlei Anbändelungen ein. Diese zeichnen sich vor allem dadurch aus, dass sie wenig verträglich und gewissenhaft sind und einen Hang zum Neurotizismus haben.

Obwohl Geheimnistuerei auch ihre Nachteile hat (sich beispielsweise negativ auf eine Paartherapie auswirken kann), gilt als Rat für den Normalfall, aus der Mücke keinen Elefanten zu machen. Die offene Aussprache mindert zwar die eigenen Schuldgefühle, denn geteiltes Leid ist ja bekanntlich halbes Leid, mutet dem Betrogenen aber allerhand zu. Im Allgemeinen ist deshalb hier Zurückhaltung das Mittel der Wahl. Die Ungewissheit über die sexuelle Treue des Partners schlägt jedoch insbesondere den

Männern aufs Gemüt. Um diese Verunsicherung zu mindern, entwickeln Frauen eine Strategie, um sich auf dem Partnermarkt besonders zuverlässig darzustellen, wie Dina Dosmukhambetova und Antony Manstead herausfanden.

Sie berichteten Frauen eine von drei Versionen der fiktiven Geschichte von Yvette, einer abenteuerlustigen jungen Frau, die entweder mit mehreren Männern gleichzeitig Affären unterhält oder häufig wechselnde Partner hat oder gern viel reist. Insbesondere wenn Probandinnen Ambitionen auf eine ernsthafte Beziehung haben, so das Ergebnis, würden sie sich von der promiskuitiven Yvette fernhalten. Sie würden es vermeiden, mit ihr auszugehen, und sie nicht als Freundin akzeptieren. Sie finden diese Yvette auch weniger sympathisch und unterstellen ihr eine geringere Attraktivität.

Böse Zungen mögen hier vielleicht Neid der Treuen gegenüber den Lebefrauen vermuten. Und tatsächlich wird die flatterhafte Yvette auch als ernstzunehmende Konkurrenz für den eigenen Dating-Erfolg angesehen. Allerdings gilt das sowohl für die Yvette, die parallele Liebschaften unterhält, als auch für die, die ihre Partner schnell wechselt. Gemieden würde dennoch ausschließlich die mehrgleisig fahrende Yvette. Eine weitere Untersuchung ergab, dass Frauen untreues Verhalten insbesondere dann ablehnen, wenn ein Mann anwesend ist, den sie anziehend finden. Eine Reaktion, die nahelegt, dass Frauen (unbewusst) darauf bedacht sind, sich von wenig treuen Zeitgenossinnen fernzuhalten, um ihre eigene Loyalität potenziellen Partnern gegenüber hervorzuheben. Damit mindern sie die männliche Angst vor sexueller Untreue und erhöhen, weil sie attraktiver wirken, ihre eigenen Chancen auf eine Beziehung.

**Vom Elfenbeinturm zum wirklichen Leben:
Mangel an Genügsamkeit**

Das Gras auf der anderen Seite des Hügels ist immer grüner. Auch das mag ein Grund dafür sein, warum sich einige Personen nicht ausschließlich mit dem oder der Lieblingsliebsten zufriedengeben möchten. Auch wird beinahe jede Person ab und an mit Flirtversuchen dritter Personen konfrontiert, aber insbesondere umgängliche, pflichtbewusste und emotional stabile Personen können diesen widerstehen. Kommt es nichtsdestotrotz zum Seitensprung, empfiehlt es sich in den meisten Fällen, diesen Fehltritt für sich zu behalten. Zu groß ist sonst der offensichtliche Vertrauensbruch, von der emotionalen Belastung des Betrogenen ganz zu schweigen.

Der oder die Betrogene

In der Studie von Schmitt und Buss gaben etwa vier von fünf Befragten an, es bemerkt zu haben, wie sich eine andere Person an ihren Lieblingsliebsten heranpirschte. Und etwa jeder zweite bis dritte machte die Erfahrung, dass der oder die Lieblingsliebste auch tatsächlich auf die Anbändelungen der Rivalen einging. Welche emotionalen Konsequenzen das für die betrogene Person hat, ist nach den Ergebnissen einer Studie von John Sabini und Melanie Green von der Art des Fremdgehens abhängig.

Personen fühlen sich besonders stark verletzt, wenn der Partner mit einer dritten Person eine tiefe emotionale Bindung aufbaut. Sie sehen darin auch ein deutlich höheres Risiko, dass der Partner die Beziehung beenden wird, verglichen mit einer rein sexuellen Affäre. Auf Letztere reagieren die Betrogenen vor allem mit Wut und Vorwürfen und machen ihren Partner dafür umso mehr verantwortlich. Eine Erklärung liegt möglicherweise darin, dass Sex mit einer anderen Person ein durchaus vermeidbares Verhalten darstellt. Sich in eine andere Person zu verlieben wirkt auf viele dagegen weniger beeinflussbar, deswegen auch umso gefährlicher.

Hat sich der erste Schreck über die Untreue des Partners gelegt, sucht die betrogene Person meist nach den möglichen Ursachen für den Seitensprung und dem eigenen Anteil daran. Doch auch wenn mit steigender Unzufriedenheit in der Beziehung das Risiko für Untreue steigt, ist dieser Einfluss insgesamt doch eher klein und eher mit emotionaler und weniger mit sexueller Untreue verknüpft. Auch scheint ein beträchtlicher Anteil der Affären unter Arbeitskollegen aufzutreten, und dabei spielt potenzielle Unzufriedenheit in der festen Beziehung kaum eine Rolle. Ausschlaggebender ist in diesem Zusammenhang die Verlockung durch die sich bietende Gelegenheit.

Der oder die Dritte

Weit weniger Beachtung findet häufig der oder die Dritte im Bunde. Da in der Regel die besten Partner bereits früh vergriffen sind, bleibt für die «Übriggebliebenen» nur noch die Wahl, sich mit den Restposten zu begnügen, auf bessere Zeiten zu warten oder aber eben sich eine bereits gebundene Person zu angeln. Für Letzteres bedarf es zwar einiger Chuzpe, es vergrößert jedoch die Auswahl potenzieller Partner beträchtlich. Doch wer kokettiert mit fürsorglichen Familienvätern oder loyalen Ehefrauen? Welche Strategien werden dabei angewendet, und wie erfolgversprechend sind diese?

In der Studie von Schmitt und Buss gab über die Hälfte der Personen an, bereits mit einer gebundenen Person angebändelt zu haben. Die Ergebnisse der Studie legen nahe, dass insbesondere unter den Frauen im mittleren Erwachsenenalter das Flirten mit verheirateten Männern als Strategie zur Partnersuche genutzt wird. Auch neigen Personen mit geringer Verträglichkeit und Gewissenhaftigkeit eher dazu, sich in bestehende Beziehungen zu drängeln. Besonders erfolgreich dabei waren Personen mit einer erotischen Ausstrahlung.

Die Ursachen dafür, warum Personen einen bereits gebundenen Partner für sich gewinnen wollen, fallen für Männer und Frauen sehr unterschiedlich aus. Studienergebnisse legen nahe, dass sich Männer durch Affären Zugang zu gutaussehenden Frauen versprechen und gerade im Falle einer kurzfristigen Liebelei die sexuelle Verfügbarkeit der Frau genießen, ohne gleichzeitig Verantwortung übernehmen oder stets auf Abruf stehen zu müssen. Frauen dagegen versprechen sich vor allem Zugang zu Ressourcen, also gutem Essen bei gutem Wein, kleine glitzernde Aufmerksamkeiten oder Reisen in teure Hotels an ungestörte Orten dieser Welt.

Diese angenommenen Vorteile gehen jedoch für beide Geschlechter mit dem Nachteil einher, dass sie sich insbesondere bei langfristigen Affären auf Konfrontationen mit dem festen Partner des oder der Geliebten einstellen müssen, sich der zukünftigen Treue des oder der Abgeworbenen ungewiss sind und allgemein nicht in die Zukunft planen können. Viele der Befragten befürchten außerdem Schuldgefühle, die durch das dauerhafte Täuschen und Geheimhalten entstehen können. Entwickelt sich aus der Affäre eine exklusive neue Beziehung, befürchten viele, von der Familie des oder der abgeworbenen Person abgelehnt zu werden.

Da es bei kurzfristigen Techtelmechteln hauptsächlich um den

Spaß am Sex geht, spielt hierbei insbesondere für Männer, aber auch für Frauen, das Aussehen des Bettgefährten eine besondere Rolle. Deshalb wird auch das eigene Aufhübschen als besonders wirkungsvolle Verführungsstrategie empfunden. Frauen mit One-Night-Stand-Ambitionen sind dann besonders erfolgreich, wenn sie unmissverständlich sexuelle Verfügbarkeit ausstrahlen. Spendable Herren mit Humor erweichen dagegen am ehesten das Herz der Ehefrauen.

Vom Elfenbeinturm zum wirklichen Leben II: Mangel an Auswahl

Die Lust an Herausforderung und Selbstbestätigung mag ein Grund sein, mit verheirateten Personen anzubändeln. Oft geschieht dies jedoch auch aufgrund des Mangels an ungebundenen, vergleichbar attraktiven Alternativen. Insbesondere selbstzentrierte, wenig gewissenhafte Personen beschränken sich deshalb nicht nur auf «zurzeit verfügbare» potenzielle Partner. Und einer gebundenen Person vorübergehend erfolgreich den Kopf zu verdrehen, bietet sich für Männer an, besonders dominant aufzutreten und für Frauen, an einem feuchtfröhlichen Abend unmissverständlich Sex aufs Tapet zu bringen.

Empfehlung zum Weiterlesen

Blow, Adrian J. / Hartnett, Kelley: «Infidelity in committed relationships II: A substantive review», in: *Journal of Marital and Family Therapy*, Bd. 31, 2005, S. 217–233.

Dosmukhambetova, Dina / Manstead, Antony: «Strategic reactions to unfaithfulness: female self-presentation in the context of mate attraction is linked to uncertainty of paternity», in: *Evolution and Human Behavior*, Bd. 32, 2011, S. 106–117.

Sabini, John / Green, Melanie C.: «Emotional responses to sexual and emotional infidelity: Constants and differences across genders, samples, and methods», in: *Personality and Social Psychology Bulletin*, Bd. 30, 2004, S. 1375–1388.

Schmitt, David P. / Buss, David M.: «Human mate poaching: Tactics and temptations for infiltrating existing mateships», in: *Journal of Personality and Social Psychology*, Bd. 80, 2001, S. 894–917.

PORNOGRAPHIE UND DIE
SUCHE DANACH

A uf den Spuren der Liebe- und Sexsuchenden: Das Internet bietet scheinbar unbegrenzte Möglichkeiten und vermag eine Vielzahl sozialer Bedürfnisse zu befriedigen. Neben der Vernetzung mit Freunden auf Facebook und Co. oder dem Kennenlernen potenzieller Partner auf diversen Verkupplungsplattformen gilt dies auch für Konsumenten pornographischer Filme. Der Pornokonsum ist weit verbreitet – bei Männern und Frauen, Jungen und Alten, bei Singles, in glücklichen wie unglücklichen Beziehungen. Jedoch wird nicht zu jeder Zeit gleichermaßen nach virtuellem Sex gesucht. Vielmehr sind einige Lebenslagen prädestiniert dafür, das Bedürfnis nach Sex im Internet zu entfachen. Der Konsum löst dann den Wunsch nach gesteigerter sexueller Abwechslung aus, was an sich kein Nachteil ist, aber einen Risikofaktor für Seitensprünge und Beziehungsabbrüche darstellt.

***

Personen danach zu befragen, wie häufig sie sich Pornographisches ansehen, hat seine Tücken. Zu intim die Nachfrage, zu verzerrt die vorgeblich wahre Antwort und zu begrenzt die Möglichkeiten, diese Antwort auf Richtigkeit zu überprüfen. Glücklicherweise gibt *Google Trends* (www.google.de/trends) Einsichten und bietet eine Fundgrube an spannenden Verhaltensspuren, die nachvollziehen lassen, wie viele Menschen in einem bestimmten Zeitraum aus einer bestimmten Region bestimmte Suchanfragen bei Google gestellt haben. Das ist nicht nur für Prognosen in der Marktforschung relevant, sondern ermöglicht auch, vergangenes Verhalten nachzuvollziehen – rückblickend bis zum Jahr 2004.

Ein Blick in das Suchverhalten der Deutschen bestätigt, was vermutlich ohnehin nicht zu leugnen war: Die Suche nach Sex ist deutlich verbreiteter als die Suche nach der Liebe. Dieses Missverhältnis ist halbwegs stabil, zumindest wenn man von dem anscheinend sehr heißblütigen Jahr 2006 absieht. Heutzutage kommen in Deutschland auf 100 Suchanfragen zu den Worten *Liebe* und *Love* etwa 150 Suchanfragen zum Thema *Sex*. Ganz prominent ist die Nachfrage nach der billigen Version, dem freien Sex (*sex free*).

Den Höhepunkt an Sex-Suchanfragen erlebt Google übrigens regelmäßig während der Weihnachtsfeiertage. Ein Viertel mehr Suchfragen als im Durchschnitt sammeln sich in diesen Tagen an. Das Weihnachtsfest lediglich als Fest der Liebe zu verstehen, greift also offensichtlich zu kurz, denn es scheint sich auch um Tage des besonders ausgeprägten Bedürfnisses nach Sex zu handeln. Unklar bleibt, ob es an diesen Tagen zu weniger Schäferstündchen kommt und deshalb virtueller Ersatz gesucht wird oder ob es andere Ursachen gibt, die dieses Bedürfnis entfachen. Interessanterweise gibt es ein solches zeitweiliges Nachfragehoch auch zum Thema Liebe. Sowohl zu Weihnachten als auch zum Valentinstag wird in Deutschland etwa um ein Fünftel mehr nach der Liebe gesucht.

Google Trends deckt noch weitere Regelmäßigkeiten im Suchverhalten auf, in diesem Fall bezogen auf den Verlauf einer Woche: An Werktagen wird weder der Liebe noch dem Sex überbordende Aufmerksamkeit geschenkt, sondern die Suchanfragen dümpeln auf gleichbleibend bescheidenem Niveau vor sich hin. Am Wochenende erreicht die Suche jedoch ihren Höhepunkt: Anscheinend wird das Wochenende schlagartig dafür genutzt, alles das nachzuholen, was während der Arbeitstage vernachlässigt wurde. Mit Feuereifer wird Sex gesucht und ab und an auch mal nach der Liebe. Nun würde man vermuten, dass die Suchenden vor allem freizügige Bilder und Videos aufstöbern wollen, um sich so dem virtuellen Sex hinzugeben. Das scheint erstaunlicherweise aber nicht der Fall zu sein. Ein Großteil der Bilderanfragen bezieht sich auf die Liebe und vergleichsweise wenig auf Sex. Noch deutlicher wird das bei Videoanfragen: Fast sechsmal so häufig werden Filme zur Liebe gesucht, die Suche nach Sexfilmen spielt hier also eine Nebenrolle.

Ganz vorn bei der Sexsuche liegt übrigens Nordrhein-Westfalen. Dort sucht man zeitgleich aber anscheinend auch vermehrt nach der Liebe, genauso wie in Berlin. Die ultimative Hauptstadt der Liebe, Paris, macht ihrem Namen alle Ehre: Dort wird tatsächlich, den anderen französischen Städten um Längen voraus, vornehmlich nach der Liebe (*love* und *amour*) gesucht. Besonders an Sex interessiert scheinen dagegen vor allem die Bewohner von Marseille und Orléans zu sein.

Wie sich die Nachfrage nach Sex verändert und womit diese Veränderungen zusammenhängen, untersuchten auch Patrick und Charlotte Markey in mehreren Studien. Dafür nutzten auch sie *Google Trends* und beobachteten das Suchverhalten in den USA zwischen Januar 2006 und März 2011. Besondere Beachtung schenkten sie drei Gruppen von Suchbegriffen, die entweder mit Pornographie, Prostitution oder der Partnersuche im Zusammenhang stehen. Gleichzeitig untersuchten sie, wie sich das Suchverhalten nach neutralen Begriffen (Haustiere, populäre

Websites, Autoteile) mit der Zeit verändert, um die Suchverläufe miteinander zu vergleichen.

In Zeiten, in denen die Suche nach Pornographie stieg, wurde gleichzeitig auch vermehrt nach Prostitution und neuen Partnern gesucht. Alle drei Themenbereiche wurden besonders intensiv in den Winter- und Sommermonaten erfragt und deutlich weniger im Frühling und Herbst. Einen vergleichbaren Sechsmonatszyklus gab es bei der Suche nach neutralen Begriffen nicht, was dafür spricht, dass dieses Ergebnis nicht auf eine generelle Veränderung im Suchverhalten während einiger Monate des Jahres zurückgeführt werden kann. Die Ergebnisse von Markey und Markey legen eher nahe, dass es Phasen im Jahr gibt, in denen die sexuelle Lust oder Sehnsucht besonders ausgeprägt ist. Diese beginnt im Dezember beziehungsweise im Juni und drückt sich über einen erhöhten passiven Konsum von sexuellen Inhalten (Pornographie) aus und wird in den darauf folgenden Monaten (Januar beziehungsweise Juli) von der Suche nach tatsächlichen Sexpartnern (Partner oder Prostituierte) abgelöst. Diese sich saisonal unterscheidende Paarungsbereitschaft hat auch Auswirkungen auf das Leben abseits von Google.

Beispielsweise treten Geburten in manchen Monaten gehäufter auf als in anderen, Kondomverkäufe erreichen über Weihnachten und in den Sommermonaten ihren Höchststand, und sexuell übertragbare Krankheiten werden bevorzugt in den ersten Monaten des Jahres sowie im Spätsommer und Frühherbst diagnostiziert. All dies spricht dafür, dass es Zeiten im Jahr gibt, in denen mehr Anstrengungen unternommen werden, einen Bettgefährten zu finden als in anderen Zeiten des Jahres. Interessanterweise lassen uns die angeblichen Frühlingsgefühle in diesem Zusammenhang jedoch überraschend kalt.

Vom Elfenbeinturm zum wirklichen Leben: Nachfragehochs beim Pornokonsum

Die Suche nach Sexsuchenden fördert einige erstaunliche Beobachtungen zutage: Nicht im Frühling schwärmen wir aus, um nach einem einsamen, kalten Winter wieder die Liebe und den Sex für uns zu entdecken, sondern vor allem zum Jahreswechsel und im Frühsommer räumt uns die innere Uhr, oder wohl auch der freie Terminkalender, Zeit für die Suche nach der schönsten Nebensache der Welt ein. Ob passiv, käuflich oder von Emotionen getrieben, die Nachfrage nach Sex ist in dieser Zeit bedeutend größer. Vielleicht wirkt das als Trost, wenn die Frühlingsgefühle einmal ausbleiben oder das Single-Leben nicht beenden helfen. Ein bisschen Geduld bis zur nächsten Sonnenwende kann sich auszahlen, wenn wieder mit einem regen Austausch koketter Blicke zu rechnen ist.

Unser Bedürfnis nach Nähe, Sex und Zärtlichkeit unterliegt nicht nur regelmäßigen saisonalen Schwankungen, sondern wird auch durch Geschehnisse im politisch-sozialen Bereich befeuert. Patrick und Charlotte Markey zeigten dies in einer weiteren Studie, in der sie den Zusammenhang zwischen politischen Ereignissen und Pornographiekonsum herausstellten. Dafür verglichen sie die Häufigkeit, in der pornographische Inhalte in der Woche vor einer Wahl gesucht wurden, mit dem Suchverhalten in der Woche nach der Wahl. Von besonderem Interesse waren hierbei die Präsidentschaftswahlen im Jahr 2004 (als der Republikaner George W. Bush gewählt wurde) und im Jahr 2008 (als der Demokrat Barack Obama gewählt wurde).

Die Nachfrage nach Sex erhöhte sich im Jahr 2004 nach der

Wahl deutlich in den Staaten, die republikanisch eingestellt waren, nicht aber in den Staaten, die vornehmlich den demokratischen Herausforderer (John Kerry) favorisierten. Ging die Präsidentschaftswahl also im Sinne eines Staates aus, dann schlug sich dies dort in einer erhöhten Suche nach Pornographie nieder. Genauso war es auch im Jahr 2008: Die Staaten, die demokratisch eingestellt waren und daher den Gewinner der Wahl, Barack Obama, favorisierten, stellten als Reaktion darauf vermehrt Suchanfragen zum Thema Sex. Gleichzeitig sank die Nachfrage in den republikanisch eingestellten, also unterlegenen Staaten beträchtlich.

Dieses Ergebnis stützt frühere Befunde, die darauf hindeuten, dass Erfolge die Lust steigern, während Misserfolge die Lust schmälern. Erklären lässt sich dieser Zusammenhang mit dem Hormon Testosteron. Die Konzentration dieses Sexualhormons erhöht sich bei einem gewonnenen Konkurrenzkampf, was wiederum gesteigerte sexuelle Begehrlichkeit nach sich zieht. Einschränkend muss man hierbei jedoch festhalten, dass diese Zusammenhänge bisher vor allem bei Männern untersucht und gefunden wurden. Ob also die erhöhte Nachfrage nach Pornographie nach Wahlerfolgen lediglich auf Männer oder auch auf das gesteigerte sexuelle Interesse bei Frauen zurückzuführen ist, bleibt noch offen.

Wenn selbst Wahlkampfsiege und -niederlagen der Lieblingspartei darüber mitentscheiden, wie häufig Personen Pornofilme ansehen, dann stellt sich die Frage, was dieser Konsum mit ihnen anstellt. Dient er als Inspirationsquelle für die Suche eines Partners in der realen Welt, oder beflügelt er das intime Treiben im heimischen Bett? Eine Studie von Andrea Gwinn und Kollegen legt nahe, dass die Konsequenzen nicht so vorteilhaft sind wie vielleicht erhofft, wenn es sich bei den Konsumenten um in einer Partnerschaft lebende Personen handelt.

In der Studie von Gwinn und Kollegen wurde eine Hälfte der teilnehmenden Studierenden gebeten, in fünf Minuten über eine Sexszene aus einem Porno- oder Spielfilm zu schreiben, den sie im letzten Monat gesehen hatten. Die andere Hälfte der Studierenden schrieb über eine Actionszene. Im Anschluss an diesen kurzen Bericht wurden sie dazu befragt, wie attraktiv sie Alternativen zu ihrer jetzigen Beziehung einschätzen. Personen, die über die freizügige Szene schrieben, schätzten potenzielle alternative Partner als deutlich attraktiver ein als die Personen, die sich mit der Actionszene beschäftigt hatten.

Nun handelt es sich dabei um eine experimentell manipulierte Laborstudie, deren Aussagekraft für das Leben außerhalb des Labors begrenzt ist. In einer weiteren Studie untersuchten Gwinn und Kollegen deshalb, wie sich der Pornokonsum im echten Leben auf Beziehungen auswirkt. Unter den befragten Männern war der Pornokonsum deutlich verbreiteter als bei den befragten Frauen. Etwa 74 Prozent der Männer gaben an, im letzten Monat Pornofilme gesehen zu haben, während dies nur für 16 Prozent der Frauen zutraf.

Je mehr Pornofilme eine Person sah, desto höher war die Wahrscheinlichkeit, dass sie irgendwann in den zwölf darauffolgenden Wochen fremdging. Dies galt für Männer genauso wie für Frauen und ließ sich nicht mit Alternativerklärungen wie einer hohen Soziosexualität oder einer geringeren Beziehungszufriedenheit bei den besonders häufigen Pornoguckern erklären. Vielmehr lässt sich auch hier der Zusammenhang zwischen Pornokonsum und Fremdgehen darauf zurückführen, dass das wiederholte Ansehen von Pornos Alternativen zum jetzigen Partner attraktiver erscheinen ließ.

Vom Elfenbeinturm zum wirklichen Leben: Risiken des Pornokonsums

Fast neun von zehn männlichen Studierenden und immerhin drei von zehn weiblichen Studierenden sehen sich regelmäßig pornographisches Material an. Die darin typischerweise widergespiegelte allgegenwärtige Verfügbarkeit von Sex bringt auch Konsequenzen für das Offline-Leben mit sich. Eine davon ist die wachsende Überzeugung, dass es allerlei attraktive Alternativen zum derzeitigen Partner gibt. Diese veränderte Wahrnehmung ist nicht weiter erstaunlich, hält man sich vor Augen, dass in Pornos die Aufmerksamkeit auf diverse potenzielle Bettgefährten gelenkt wird und die Vorteile dieser Abwechslung betont werden. Kompliziert für eine bestehende Beziehung wird es dann, wenn dieser Sehnsucht nach den vermeintlich attraktiveren Alternativen tatsächlich nachgegangen wird. Eine naheliegende Empfehlung ist deshalb, den Pornokonsum in festen Beziehungen zu drosseln. Genauso bietet sich aber auch an, den Wirkmechanismus zwischen Pornokonsum und Fremdgehen zu unterbrechen: Denn machen sich Personen trotz hochfrequentem Pornokonsum die Einzigartigkeit des oder der Lieblingsliebsten bewusst, dürfte sich dadurch die Gefahr des Seitensprungs reduzieren, wenn nicht auflösen. Viel schädlicher als der Pornokonsum selbst ist nämlich die Annahme, dass an jeder Ecke ein weiterer bezaubernder Partner wartet.

Empfehlung zum Weiterlesen

Gwinn, Andrea M. / Lambert, Nathaniel M. / Fincham, Frank D. / Maner, Jon K.: «Pornography, relationship alternatives, and intimate extradyadic behavior», in: *Social Psychological and Personality Science*, Bd. 4, 2013, S. 699–704.

Markey, Patrick M. / Markey, Charlotte N.: «Seasonal variation in internet keyword searches: A proxy assessment of sex mating behaviors», in: *Archives of Sexual Behavior*, Bd. 42, 2013, S. 515–521.

Markey, Patrick M. / Markey, Charlotte N.: «Changes in pornography-seeking behaviors following political elections: an examination of the challenge hypothesis», in: *Evolution and Human Behavior*, Bd. 31, 2010, S. 442–446.

GLOSSAR

Ein **Affekt** ist ein Gefühl, das positiv («glücklich») oder negativ («deprimiert») sein kann.

Affektive Störungen umfassen mehrere psychische Störungen, bei denen die Stimmungslage der betroffenen Personen stark verändert ist. Dabei kann es sich wie bei der Depression um eine niedergeschlagene Stimmung handeln oder wie bei der Manie um eine euphorische Stimmung.

Der **Altruismus** beschreibt ein selbstloses Verhalten, das darauf abzielt, andere Personen zu unterstützen oder ihnen Gutes zu tun.

Ein **Aphrodisiakum** ist ein Mittel zur Steigerung des sexuellen Verlangens und Lustempfindens.

Die **Attributionstheorie** beschreibt verschiedene Stile in der Ursachenzuschreibung von Ergebnissen, ob diese beispielsweise im eigenen Verhalten oder in äußeren Umständen wie Zufall, Schicksal oder Glück vermutet werden.

Das **autonome Nervensystem** beeinflusst automatische Prozesse im Körper. Es reguliert lebenswichtige Funktionen wie den Herzschlag, die Atmung und die Verdauung.

Ein **Bindungsstil** beschreibt die für einen Menschen typische Art der Interaktion in engen Beziehungen. Der Begriff entstammt der Bindungstheorie von John Bowlby und Mary Ainsworth, nach der Menschen in einen sicheren oder mehrere unterschiedliche Bindungstypen gruppiert werden können.

Unter **Commitment** wird verstanden, dass sich eine Person zu etwas bekennt, sich diesem verpflichtet fühlt oder sich mit diesem identifiziert. Es kann sich auf eine Partnerschaft beziehen, ist aber auch in anderen Bereichen, wie dem Beruf, relevant.

Die **Dreieckstheorie der Liebe** von Robert Sternberg nimmt an, dass die Liebe aus den Komponenten Intimität, Leidenschaft und Commitment besteht.

Das **Duchenne-Lächeln**, benannt nach seinem Entdecker, dem französischen Physiologen Guillaume Duchenne (de Boulogne), beschreibt ein unwillkürliches oder auch «echtes» Lachen.

Bei dem **EAR** («Electronically Activated Recorder») von Matthias Mehl handelt es sich um ein Aufnahmegerät, mit dem sich in regelmäßigen Abständen kurzzeitig Umgebungsgeräusche von Personen aufnehmen lassen, um so einen Einblick in das Alltagsleben dieser Personen zu bekommen.

Die **emotionale Stabilität** ist der positive Gegenpol zum → **Neurotizismus**.

Unter **Empathie** wird die Kompetenz verstanden, Gefühle und Gedanken anderer Menschen zu erkennen, sie zu verstehen und Mitgefühl zu empfinden.

Endorphine sind körpereigene Opioide, die unter anderem das Schmerzempfinden, Hungergefühl und Euphorie beeinflussen.

Die **Evolutionspsychologie** sucht Erklärungen dafür, wie sich das Denken, Fühlen und Verhalten von Menschen entwickelt hat, indem sie aufzeigt, wie dieses zu früheren Zeiten funktional gewesen sein könnte.

Die **exekutive Kontrolle** bezeichnet komplexe Hirnfunktionen, die es Menschen erlauben, ihr Verhalten zu steuern. Sie wird maßgeblich vom präfrontalen Cortex (einem Hirnbereich hinter der Stirn) gesteuert.

Die **Extraversion** ist eine Persönlichkeitseigenschaft, die Merkmale wie Geselligkeit, Offenheit gegenüber unbekannten Personen, Fröhlichkeit und dominantes Auftreten in Gruppen umfasst.

Sigmund **Freud** gilt als Begründer der Psychoanalyse. Mit der heutigen Psychologie als empirischer Wissenschaft hat er jedoch kaum etwas zu tun.

Funktionsworte, auch Synsemantikum genannt, haben für sich genommen keine inhaltliche Bedeutung, sondern erfüllen eine grammatikalische Funktion im Satz.

Die **Gewissenhaftigkeit** umfasst als ein Merkmal der fünf großen Persönlichkeitsmerkmale die Tendenz zu verantwortungsbewusstem, organisiertem und ordentlichem Verhalten.

Die **Großhirnrinde**, auch Cortex, ist der 2 bis 5 Millimeter dicke äußere Teil des Großhirns und besteht aus vielen Nervenzellen.

Die **Grundquote** gibt den Anteil von Personen in einer Gruppe an, auf die ein interessierendes Merkmal zutrifft. Die Grundquote von Singles ist auf Dating-Veranstaltungen beispielsweise deutlich größer als in der allgemeinen Bevölkerung.

Der **Halo-Effekt** bezeichnet eine typische Verzerrung in der Wahrnehmung. Eine einzelne Eigenschaft einer Person bestimmt, wie andere davon unabhängige Eigenschaften dieser Person wahrgenommen werden.

Die **Hautleitfähigkeit** beschreibt die Fähigkeit der Haut, Strom zu leiten, und wird von der Aktivität der Schweißdrüsen, und damit dem autonomen Nervensystem, beeinflusst.

Die **Heterosexualität** ist eine sexuelle Orientierung, die hauptsächlich auf das andere Geschlecht ausgerichtet ist, während die **Homosexualität**, der sich etwa 5 Prozent der Menschen zuordnen, die sexuelle Bevorzugung des eigenen Geschlechts beschreibt. Die sexuelle Orientierung beschreibt jedoch keine klar abgrenzbaren Gruppierungen, sondern ein Kontinuum.

Von **Homogamie** wird gesprochen, wenn sich die Personen in einer Partnerschaft hinsichtlich bestimmter Merkmale überzufällig ähnlich sind.

Die **Intimität** beschreibt ein wohlwollendes Vertrauensverhältnis zwischen Personen. Dies schließt nicht notwendigerweise Sexualität mit ein.

Zu den **Lachmuskeln** zählt der *Musculus zygomaticus*, auch Jochbeinmuskel genannt. Es ist ein Hautmuskel, der unter anderem die Mundwinkel zum Lächeln nach oben zieht. Ein weiterer Lachmuskel ist der *Musculus orbicularis oculi*. Es handelt sich dabei um einen Skelettmuskel am Auge, der auch die Augenlider bewegt.

Bei einer **Längsschnittstudie** werden die gleichen Personen mehrfach befragt. Dies erleichtert, Ursachen und Folgen von Zusammenhängen aufzudecken.

Die **Maskulinität**, auch Männlichkeit, setzt sich aus Eigenschaften zusammen, die biologisch oder kulturell bedingt eher Männern zugeschrieben werden, aber in unterschiedlicher Ausprägung in beiden Geschlechtern vorhanden sind.

Beim **Matching** von Singles werden meist computerisierte Verfahren angewendet, um Menschen miteinander zu vergleichen. Dies geschieht in der Hoffnung, dadurch zwei besonders gut passende Singles zusammenzubringen.

In einer **Meta-Analyse** werden Ergebnisse zahlreicher Studien zu einem Thema statistisch zusammengefasst. Dies ermöglicht besonders genaue Aussagen zu einer Forschungsfrage.

Beim **Morphing** werden am Computer aus zwei Bildern (oder Tönen) neue Bilder (oder Töne) erstellt, die eine Übergangssequenz darstellen.

Der **Narzissmus** beschreibt eine übersteigerte Liebe zu sich selbst, die unter anderem mit einem erhöhten Bedürfnis nach Bewunderung der eigenen Person einhergeht.

Der **Neurotizismus** gehört zu den fünf großen Persönlichkeits-merkmalen und beinhaltet unter anderem emotionale Instabili-tät, Ängstlichkeit, Depressivität und die Neigung zu Sorgen.

Die **Offenheit für Erfahrungen** ist eines der fünf großen Per-sönlichkeitsmerkmale und beschreibt die Offenheit einer Person gegenüber anderen Kulturen und unkonventionellen Ansichten sowie komplexen Fragestellungen.

Opioide sind morphinartige Substanzen, die vom Körper ge-bildet werden können, um Schmerzen zu unterdrücken. Sie sind auch Bestandteil des Opiums.

Östrogene gehören zu den wichtigsten Sexualhormonen der Frau, werden aber in kleinen Mengen auch im Körper des Man-nes produziert.

Das **Oxytocin** ist ein Hormon, das insbesondere für die zwischen-menschliche Bindung, bei der Geburt und beim Stillen eine zen-trale Rolle spielt.

Die **Persönlichkeit** eines Menschen beschreibt sein typisches Denken, Fühlen und Handeln.

Die **Promiskuität** beschreibt sexuell freizügiges Verhalten, das sich in mehreren parallelen oder häufig wechselnden sexuellen Partnern äußert.

Eine **sich selbst erfüllende Prophezeiung** entsteht dann, wenn falsche Erwartungen das Verhalten beeinflussen und sich diese Erwartungen dadurch bewahrheiten.

Eine **repräsentative Stichprobe** umfasst eine Gruppe von Personen, die in allen Merkmalen exakt mit der Personengruppe, über die Aussagen getroffen werden soll, übereinstimmt.

Der **Reziprozitäts-Effekt** geht auf die Annahme zurück, dass Handlungen gegenüber anderen und Gefühle für andere auf Gegenseitigkeit beruhen.

Bei einem **Screening** werden mit Hilfe von wenigen, groben Kriterien einige Personen aus einer großen Menge an Personen herausgefiltert. Die so vorausgewählten Personen können dann mit aufwendigeren, präziseren Verfahren genauer untersucht werden.

Das **Selbstwertgefühl** ist eine Persönlichkeitseigenschaft, die beschreibt, wie positiv ein Mensch sich selbst bewertet.

Sexualhormone beeinflussen die Geschlechtsmerkmale und das Sexualverhalten. Männer und Frauen besitzen die gleichen Sexualhormone, allerdings in unterschiedlichen Mengen.

Das **soziale Netzwerk** bezeichnet die Gesamtheit der bestehenden Kontakte einer Person, also unter anderem Familienangehörige, Freunde, Arbeitskollegen, Nachbarn und lose Bekannte.

Der **soziale Status** beschreibt den gesellschaftlichen Rang einer Person, der häufig auf Merkmalen wie Macht, Reichtum und Prestige einer Person basiert.

Das **Sozio-oekonomische Panel** ist eine groß angelegte Längsschnittstudie vom Deutschen Institut für Wirtschaftsforschung in Berlin, in der repräsentative Daten über das Leben in Deutschland erhoben werden. Mittlerweile werden jährlich über 30 000 Personen befragt, davon einige bereits seit der Aufnahme der Studie im Jahr 1984.

Der **sozioökonomische Status** ist eng mit dem sozialen Status verbunden, fokussiert aber insbesondere auf Merkmale wie Bildung und Einkommen.

Eine **soziosexuelle Orientierung** beschreibt ein Bedürfnis nach sexuellen Handlungen ohne eine enge emotionale Bindung.

Bei der **Tagebuchmethode** beantworten Versuchspersonen über einen vorgegebenen Zeitraum mehrfach den gleichen Fragebogen. So können zeitliche Verläufe, vorhergehende und resultierende Bedingungen untersucht werden.

Testosteron ist ein Sexualhormon, das sowohl im Körper des Mannes als auch in geringerer Menge im Körper der Frau produziert wird.

Die **sexuelle Untreue** bezeichnet sexuelle Handlungen außerhalb einer festen Partnerschaft. Die **emotionale Untreue** bezeichnet ein enges Vertrauensverhältnis zu einer gegengeschlechtlichen Person neben dem Partner beziehungsweise der Partnerin.

Unter **Verhaltensspuren** fasst man Beobachtungen zusammen, die Rückschlüsse über vorheriges Verhalten zulassen. Dazu zählen zum Beispiel Abnutzungserscheinungen an Gegenständen.

Die **Verträglichkeit** als eines der fünf großen Persönlichkeitsmerkmale beschreibt liebenswürdige, nachsichtige, auf andere
statt sich selbst ausgerichtete Denk- und Verhaltensweisen.

Der **Westermarck-Effekt** besagt, dass sich Personen, die miteinander aufgewachsen sind, später nicht sexuell anziehend finden,
wodurch Inzest verhindert wird.

Das **subjektive Wohlbefinden** setzt sich aus der subjektiven Lebenszufriedenheit (wie positiv eine Person ihr Leben bewertet),
dem positiven Affekt (das Ausmaß ihrer positiven Gefühle) und
geringem negativen Affekt (das Ausmaß ihrer negativen Gefühle) zusammen.

Bei dem **World Values Survey** handelt es sich um eine Befragung,
die seit 1981 mit Personen der ganzen Welt durchgeführt wurde.
Das Ziel ist, Veränderungen von Werten in verschiedenen Kulturen zu ermitteln.

Das **zentrale Nervensystem** umfasst das Gehirn und Rücken-
mark und integriert Reize, koordiniert und reguliert zahlreiche
Prozesse im Körper.

In der **Zwillingsforschung** werden eineiige und zweieiige Zwillinge auf ihre Ähnlichkeit hin untersucht, um Aufschluss über
den genetischen Anteil und den Umweltanteil auf verschiedene
Merkmale zu erhalten.

DANKSAGUNG

Besonderer Dank für Inspirationen aus dem wirklichen Leben gilt Henning Schroll und Jan Möller. Vielen Dank auch an Moritz Borgmann sowie an Rike und Sophie Engel, Stefanie Handlbauer, Stefan Knoll, Kornelius Sarzahn, Florian Scharf und Ralf Strawkey für die wissbegierigen Fragen und an Lars Penke, Felix Schönbrodt und Brittany Solomon für die wissenden Antworten. Vielen Dank an Micha für zweimal größtes Lebensglück und an Charlotte und Leo für Lachen, Liebe, Leben.

Das für dieses Buch verwendete FSC®-zertifizierte Papier
Lux Cream liefert Stora Enso, Finnland.